臆病者のための億万長者入門

橘 玲

文春新書

970

はじめに　金融業界の不都合な真実をすべてのひとに

「将棋のプロはいるけど宝くじのプロがいないのはなぜか？」前著『臆病者のための株入門』では、最初にこの問題を考えてみた。

プロとは、才能と努力によって素人には到達できない高みにまで達したひとのことだ。1カ月前に将棋を習い始めた素人が羽生善治三冠に勝つことはぜったいにあり得ない。なぜこういい切れるかというと、プロと素人のちからの差はとてつもなく大きいからだ。

それに対して宝くじにプロがいないのは、それが確率のゲームだからだ。過去に何度も当たりくじの出た売り場で買うひとは多いが、これはたんにたくさんのくじを売っているだけで統計学的にはなんの根拠もない。純粋な確率のゲームに必勝法はなく、そこにプロの居場所はない。

それでは、〝金融のプロ〟とはいったい何だろう?

ここで誰もが思い浮かべるのが、160万円を元手に株式投資を始め、5年間で100億円を超える資産を築いた20代の個人投資家だ。報道によればこの男性は、大学時代に株式トレードに興味を持つようになったものの、株価収益率(PER)とか株価純資産倍率(PBR)などの株式投資に必須とされる知識にはなんの興味もなく、売買している会社がなにをしているのかもよく知らないという。

金融の世界で「投資のプロ」と呼ばれるのはファンドマネージャーで、彼らは投資家から資金を預かり、最先端の金融知識を駆使して運用している(ことになっている)。その成績はインデックス(株式市場の平均)をどれだけ上回ったかで評価され、5年にわたって年率10%で運用できれば〝辣腕〟などと呼ばれてあちこちのマネー雑誌に登場する。

それに対して、株式投資の基礎知識がまったくないこの若者の運用利回りは年率900%(!)だ。個人投資家とファンドマネージャーでは条件が異なるとはいうものの、運用成績がこれほど桁ちがいだとどんな言い訳も通用しない。金融の世界では、ど素人が名人や三冠を完膚なきまでに叩きのめすことができるのだ。

この単純な事実は、株式投資が将棋よりも宝くじにずっと近いことを教えてくれる。それは必勝法のない確率のゲーム、すなわちギャンブルなのだ。

私はこれをきわめて単純明快な話だと思うのだが、不思議なことに同じようなことを述べるひとはほとんどいない。

どんな業界にも、「それをいったらおしまいだよ」ということがある。ある程度の年齢になれば誰でも学ぶことだろうが、「不都合な真実」を言い立てるひとはいつのまにか排除されて消えていく。これは陰謀とかそういう話ではなく、たんにやっかいだったり、つき合いたくなかったりするからだ。

本書でこれから述べるのは、金融業界では誰もが当たり前だと思っていながら、暗黙のうちに「それはいわないことにしておこう」と決めていることだ。「株式投資はギャンブルだ」というのもそのひとつで、私は一介の文筆家で業界とはなんのかかわりもないから好き勝手なことが書けるのだ。

私が金融市場に興味を持ったのは30代半ばで、タックスヘイヴン（租税回避地）と呼ばれる国や地域を中心に銀行口座や証券口座を開設し、株式や債券投資だけでなく、シカゴの先物市場でデリバティブ（先物やオプション）取引もやってみた。本書ではそんな体験をもとに、「資産運用の常識」をシンプルな論理で解説してみたい。それはあなたが漠然と思っている（あるいは「金融のプロ」から聞いている）〝常識〟とはまったく違うかも知れないが、ちゃんと読んでもらえば、「論理的に考えればそうなるほかはない」と納得していただけるはずだ。

リタイアしたあとに資産のすべてを失ってしまったら、もはや生きていく術はない。金融市場のなかで、個人はもっともリスク耐性の低い投資家だ。そう考えれば、個人の資産運用は保守的であるべきだ。

資産運用は金儲けの手段ではなく、人生における経済的なリスクを管理するためにある。そんな「臆病者の投資家」にとって、資産運用でもっとも大切なのは目先の利益ではなく、将来の予期せぬ経済的な変動から自分や家族の生活を守ることにあるはずだ。

あなたがそんなことを考えているのなら、必要なことはここにすべて書いてある。

臆病者のための億万長者入門◎目次

はじめに　金融業界の不都合な真実をすべてのひとに　3

第1章　資産運用を始める前に知っておきたい大切なこと……15

1　億万長者になるのは簡単だ！　16

蓄財優等生と蓄財劣等生　日本では270万人がミリオネア　「誰でも億万長者になれる」残酷な世界

2　年金問題は個人的に解決できる　24

人生の経済的な2つの目的　老後は誰もが一人の投資家　長く働けば人的資本は大きくなる　定年制は年齢による強制解雇　年金不安をもっとも簡単に解決する方法

第2章　「金融の常識」にダマされないために……37

3　宝くじを買うひとは資産運用に成功できない　38

私たちのまわりにあふれる小さな魔術　宝くじが金融商品だったら　射幸心を煽る国家の悪質商法　宝くじは「愚か者に課せられた税金」

4　「不幸の宝くじ」生命保険の正しい考え方　49

生命保険の正しい買い方　宝くじより割の悪いギャンブル　損をしながら「生命保険で貯金する」　医療保険は所得保障保険　医療保険の2つの原則

5　金融商品は「理不尽な買い物」　59

人間の愚かさを教えてくれた高野山の高僧　「買い物で損をする」という理不尽な体験　ヤギがオオカミに変わる理由　資産運用の4つの原則

第3章　臆病者のための株式投資法 ……………… 69

6　日本株の暴落をどうやって〝的中〟させたか？　70

株価はどのように決まるのか？　ＰＥＲという魔法の数字　日本株と米国株のＰＥＲを比較する　株式投資のリスクプレミアム　日本ではなぜ予想ＰＥＲを使うのか？　ＲＯＥは経営者の成績表　ウマい話はどこにもない

7 「未来を知ることができない」からこそ有効な投資法　86
ビッグウエイブを乗りこなせ！　株式市場はロングテール　複雑系のスモールワールド　ファンドマネージャーはエラくない？　天才がバカになり、バカが天才になる　専門家は素人にかなわない　株式市場をまるごと購入する　世界株投資のすすめ

8 臆病者にとって最適な投資戦略とは　103
世の中は借金で動いている　レバレッジと複利の効果　株式投資はなぜ有利なのか？　長期投資理論への疑問　暴落こそが投資の最大のチャンス　個人はリスク耐性のもっとも低い投資家　リーマンショックで試してみたら

9 なぜ株式投資に失敗するのか？　121
知らないものは怖い　「証券のプロ」の大失敗　日本株に投資させたがる理由　損は得より3倍も苦痛　38億年の進化から生まれた投資家の行動　暴落のリスクを確実に避ける方法

第4章　為替の不思議を理解する……135

10 年利13%の定期預金はどうですか？ 136
金利とインフレの関係を理解する　ベトナムドン預金は実質年利20%　年利7・75%の米ドル預金　高金利ドル預金はひそかなブーム

11 外貨預金に為替リスクはない 145
インフレ率の低い通貨は上昇する　「超円高」なんてなかった　長期的には高金利の通貨は安くなる　「夢のようなファンド」の凋落　金融市場の見えざる手　為替リスクを恐れるな

12 FXでふつうのオバサンが億万長者になった理由 160
ブードゥー経済学　為替取引はゼロサムゲーム　平凡な主婦を億万長者にするには　勘違いが奇跡を生んだ

第5章 「マイホーム」という不動産投資 …………171

13 「マイホームと賃貸、どちらが得か」に決着をつける 172
リスクは誰が負っているのか？　マイホームが得な理由は借金にある　レバレッジをかけた不動産投資　不動産の適正価格を計算する　世帯数よりも住宅が

多い国

14 **私たちはなぜ不動産にこころを奪われるのか？** 187

インサイダーマーケットには手を出すな　株式市場と不動産市場を比べてみたら

「家賃保証」という空約束　掘り出し物の物件を買ったのは誰か？　不動産の

営業マンは賃貸を選んでいる　「不動産神話」と進化論

第6章　アベノミクスと日本の未来 …………… 201

15 **年金はこれからどうなるのか？** 202

あらかじめ決まっている未来　年金財政を健全化する3つの方法　国民年金は

有利な金融商品　サラリーマンは惜しみなく奪われる　国家の罠

16 **日本人の資産運用はどうあるべきか** 213

小学生でもわかるアベノミクス　ゼロ金利でも借金しない理由　奇妙な〝資産

三分法〟　円というリスク　資産運用のゴール

17 **「国家破産」は怖くない** 228

未来の3つのシナリオ　普通預金は最強の金融商品　破滅シナリオが現実化したら　「国家破産」に保険をかける金融商品　預金封鎖を恐れる必要はない

終章　ゆっくり考えることのできるひとだけが資産運用に成功する……241
自分は常に世界の中心　ファスト&スロー

あとがき　金融リテラシーの不自由なひとに感謝を　249
金融市場で得するひとと損するひと　金融機関が熱心に勧誘するウマそうな話はすべて無視する

第1章　資産運用を始める前に知っておきたい大切なこと

1 億万長者になるのは簡単だ!

「月5万円の積立で1億円は貯められる」と、人気俳優を使ってテレビや雑誌、交通機関などに大々的な広告を打っていた自称「プライベートバンク」が2013年10月、金融庁から6カ月の業務停止命令を受けた。

計算上は、積立てた5万円を毎年コンスタントに10%の利回りで運用し、それを30年間続ければ1億円を超える。だが金融庁の発表によれば、この会社で購入可能な多数のファンドの中に過去5年間の年平均利回りが15%を超えるものがあったのは確かだが、その商品を購入するよう顧客に助言したこともなければ、顧客が取得した事実もないという。要するに後出しじゃんけんで、結果的にもっとも利回りが高い商品を宣伝に使っていただけなのだ。誇大広告に魅かれて投資しても1億円の夢は実現できそうもない——残念でした。

このように「1億円儲かる」なんてほとんどはインチキだが、ここではあえて「誰でも億万長者になれる」という話をしてみたい。

蓄財優等生と蓄財劣等生

アメリカには面白い研究をしている学者がたくさんいるが、元ニューヨーク州立大学教授のトマス・スタンリーもそのひとりで、１９７３年に友人のウィリアム・ダンコとともにアメリカ全土の億万長者を対象とした大規模調査を実施し、その本がミリオンセラーとなって自らも億万長者の仲間入りをした（『となりの億万長者』早川書房）。

スタンリーはこの本のなかで、「期待資産額」という指標を紹介している。これは、自分が金持ちかどうかを知るための魔法の方程式だ。とてもシンプルで、だれでも一瞬で計算できる。

期待資産額＝年齢×年収／10

あなたの純資産（金融資産や不動産資産の時価総額から住宅ローンなどの負債を引いたもの）が期待資産額を上回っているならば、あなたは金持ち（蓄財優等生）だ。逆に期待資産額を下回っていれば、どれほど収入が多くても貧乏人（蓄財劣等生）だ。

たとえば、あなたが40歳で年収６００万円とすると、期待資産額は２４００万円になる

表1　年齢別の平均年収と期待資産額（単位：万円）

年齢	年収	期待資産額
20〜24歳	275	605
25〜29歳	410	1107
30〜34歳	503	1610
35〜39歳	584	2161
40〜44歳	689	2894
45〜49歳	762	3581
50〜54歳	803	4176
55〜59歳	756	4309

国税庁　平成23年「民間給与実態統計調査結果」（事業所規模1000人以上）から算出。期待資産額は各年齢層の平均で計算。日本では女性の多くがパートなどで働いており平均年収が大きく下がるので、男性の年収を基準に試算した。

（40歳×600万円／10）。55歳で年収1000万円なら5500万円だ（55歳×1000万円／10）。表1を見ればわかるように、蓄財優等生のハードルはかなり高い。私にもサラリーマンだった時期があるが、明らかに劣等生だった。

スタンリーの方程式は、アメリカの典型的な億万長者が、ニューヨークのペントハウスではなく、労働者階級の暮らす下町のありふれた家に住んでいるという発見にもとづいている。億万長者は六本木ヒルズではなく、あなたの隣にいる。なぜなら、お金を使えばお金は貯まらないから。

スタンリーの本には、3000万円を超える年収を得ながら、本人と家族の浪費癖のためにほとんど貯蓄がなく、将来の不安にさいなまれている医師が登場する。その一方で、公立学校の教師として働きながら50代でミリオネアの仲間入りを果たし、退職後の優雅な生活が約束されている夫婦もいる。資産とは収入の多寡によって決まるのではなく、収入と支出の差額から生み出されるものなのだ。

日本では270万人がミリオネア

スタンリーが描くアメリカの金持ちはとても質素だ。彼らは安物のスーツを着て、頑丈だが燃費のいい車を乗りつぶし、周囲は誰も彼らが億万長者とは気づかない。収入の10～15%を貯蓄に回す倹約を続けていれば、誰でも彼らのような億万長者になれるとスタンリーはいう（正確には「平均年収の倍の収入」が必要だが、これは夫婦2人で働けば達成できる）。

日本では、平均的なサラリーマンが生涯に得る収入は3億～4億円と言われている。共働き夫婦の生涯収入を総額6億円として、そのうち15%を貯蓄すれば、それだけで9000万円だ。仮に貯蓄率を10%（6000万円）としても、年率3%程度で運用すればやはり退職時の資産は1億円を超えているはずだ。

スタンリーの調査によれば、アメリカの支配層と考えられてきたWASP（白人・アングロサクソン・プロテスタント）は絶対数ではもっとも億万長者の数が多いが、人口比では4位まで順位が下がる。人種別に見たミリオネア率の上位はロシア、スコットランド、ハンガリーからの移民で、その多くは第一世代だった。これは社会の底辺にいる、差別されているひとのほうが億万長者になる確率が高いことを示唆している。金持ちの家に生まれたお坊ちゃん、お嬢ちゃんは遺産を食い潰すだけだが、虐げられた人々はそこから這い上がるために倹約するのだ。

こんな説明をしたところで、「そんなのただの理屈じゃないか」と思うひともいるだろう。それでは次のようなデータはどうだろう。

ＦＲＢ（米連邦準備制度理事会）の消費金融調査によれば、アメリカでは資産１００万ドル（約1億円）以上の世帯数が２００４年に９００万世帯を超えた。１９９５年には４００万世帯弱だったから、わずか10年でミリオネア世帯の数は2倍以上に増えたことになる。アメリカの総世帯数1億１０００万に対してミリオネア世帯の比率は約８％、およそ12世帯に1世帯が億万長者ということになる。

「海の向こうの話で日本には関係ない」と反論するひとがいるかもしれない。だがこんなデータもある。

スイスの大手金融機関クレディ・スイスが2013年10月に発表した世界の富裕層ランキングによれば、純資産（居住用不動産を含む）100万ドル以上を持つ富裕層は1位がアメリカの約1320万人（人口比4・2％）、2位が日本の約270万人（同2・1％）、3位がフランスの約220万人（同3・4％）となっている。

「ワールド・ウェルス・レポート」（2012年）ではイギリスの資産運用会社が、居住用不動産を除いて100万ドル以上の投資可能資産を持つ富裕層の数を推計している。それによれば1位はやはりアメリカの約300万人（人口比1％）で、2位は日本の約180万人（同1・4％）、3位はドイツの95万人（同1・2％）だ。これを富裕層の定義とすれば、日本はアメリカを抜いて、人口比では世界でもっともゆたかな国になる（シンガポールやルクセンブルクなどのタックスヘイヴン国は除く）。

国勢調査によると、2010年度の日本の世帯数は約5200万。ミリオネアが世帯主だとして概算すると、居住用不動産込みで全世帯の約5％、20世帯に1世帯が「ミリオネア世帯」だ（金融資産のみなら全世帯の約3・5％）。日本でもアメリカと同じように、億万長者はあなたの隣にいるのだ。

「誰でも億万長者になれる」残酷な世界

お金持ちになるための方法は実は3つしかない。

①収入を増やす
②支出を減らす
③資産を上手に運用する

これを「お金持ちの方程式」として表わすと次のようになる。

総資産＝収入－支出＋（資産×運用利回り）

収入を増やすもっとも確実な方法は「勤労」だ。支出を減らすには「倹約」をこころがければいい。上手な資産運用とはいたずらに浮利を追うことではなく、いかがわしい金融商品にだまされず、将来の経済的な変動に備えてリスクを管理した堅実な運用をする「賢い投資家」になることだ。

欧米や日本のようなゆたかな国では、たったこれだけで誰でも億万長者になれる（はずだ）。これは一見、素晴らしいことのようだが、ほんとうだろうか？

ウォール街を占拠した若者たちが叫んだように、グローバル資本主義が「１％の金持ちと99％の貧乏人」に分かれるのなら、これはある意味、とても平等な社会だ。私もあなたも、近所や学校や会社のひとたちもみんな貧乏人なのだから。前近代的な格差社会では、貧乏は出自や人種、国籍、宗教の違いなどの「差別」から生まれ、本人の責任ではなかった。だが10世帯に１世帯がミリオネアで、彼らの多くが一代で富を築いたような世界ではどうだろう。

未来を夢見る貧しくとも有能な若者にとっては、もちろんこれはよいニュースだ。その一方で、貧困から抜け出すことのできない多くのひとたちにとっては最悪のニュースにちがいない。なぜなら、貧乏は自己責任になってしまうから。実際アメリカでは、これが富裕層の常識になっている。

この現実を、正しいとか間違っているとか議論しても仕方がない。好むと好まざるとにかかわらず、私たちは「誰でも億万長者になれる」残酷な世界に生きている。

2　年金問題は個人的に解決できる

資産運用を考えるうえで大事なことは、預金金利や株式投資の損得などの「部分」ではなく、資産の「全体」を考えることだ。私たちが持っている資産（資本）のすべては、次のようなシンプルな2つの式で表わせる（図2）。

①総資本＝人的資本＋金融資本
②金融資本＝金融資産＋不動産＋年金資産＋相続財産など

「資本」と「資産」は同じお金を異なる側面から眺めることだから、ここでは気にしないでいい（あとで説明する）。

①式は、総資本は「人的資本」と「金融資本」に分けられる、ということをいっている。市場経済で私たちがお金を手にする方法は、実は2つしかない。

ひとつは、働いてお金を稼ぐこと。この「働くちから」が人的資本で、それを労働市場

図2

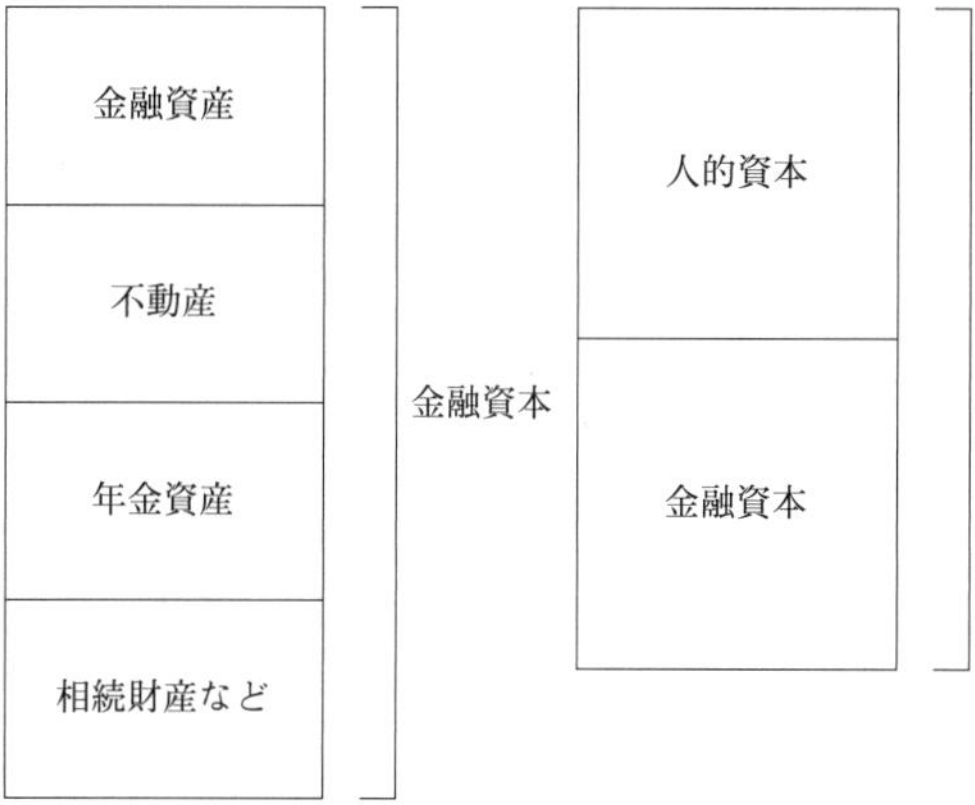

に投資することで富（賃金）を得る。

もうひとつは、金融資本を運用してお金を稼ぐことだ。

②式は、金融資本は預金や株など「（狭義の）金融資産」だけではない、ということを示している。賃貸アパートに投資すれば賃料が入ってくるし、マイホームの購入も不動産投資の一種だ。年金制度は国民が国家に金融資産（年金積立金）の運用を任せることだし、相続財産は将来、高い確率で手にできるお金のことだ（ただし本書では相続は扱わない）。

金融資本の運用とは、性格の異なるこれらの資産を最適運用することをいう。ここでの「最適」とは、次の３つの条件を満たすことだ。

①それぞれの資産のリスクを最小化する
②それぞれの資産のリターン（利益）を最大化する
③資産運用に必要なコストを最小化する

リスクをいっさい取りたくなければ、お金はすべて銀行預金にしておけばいい。利益の最大化のみを目指すなら、レバレッジを思い切りかけたハイリスクなＦＸ（外貨証拠金取引）がいいだろう。だがこのふたつの条件を同時に満たすのはなかなか難しい。資産運用はリスクとリターンのバランスの問題なのだ。

それに対して③の「コストの最小化」は誰にでもできて、なおかつ確実に効果がある。

金融資本の運用で損をする最大の原因は、投資に過度なリスクを取ることではなく、騙されて有り金すべてを失ったり、手数料をぼったくられることだ。これは業者（金融商品の売り手）と投資家（金融商品の買い手）の利害が対立しているからで、業者にとっては投資家から受け取る手数料を最大化することがもっとも経済合理的な行動なのだ。

だからこそ資産運用に失敗しないためには、金融商品のコストに敏感でなければならない。

人生の経済的な2つの目的

人生を経済的な側面から見れば、その目的は次の2つにまとめられる。

①人的資本を労働市場で運用して大きな富（効用）を得る
②金融資本を金融市場で運用して、最小のリスクで最大のリターン（利益）を得る

人的資本の運用で得られる富（効用）とは、金銭を含む「幸福」のことだ。いうまでもなく、ひとは金銭のためだけに働いているわけではない。

やりがいのない仕事では、いくら給料が高くても楽しくはないだろう。だが雀の涙のような賃金では、やりがいすら生まれてこないのも確かだ。私たちは自分の働くちから（人的資本）を有効に使って、労働市場（多くのひとにとっては会社）から得られる幸福を最大化しようとしている。

金融資本の運用が人的資本と本質的に異なるのは、「幸福」というやっかいな問題とかかわる必要がないことだ。「損をしたけれど有意義な仕事」というのはいくらでもあるだろうが、「大損してうれしい投資」というのは原理的に存在しない。金融資本の運用では、感情的な要素を排して、純粋に①リスク、②リターン、③コストの3つだけを考えればいいのだ。

老後は誰もが一人の投資家

ところで、私たちはいったいどれほどの人的資本を持っているのだろうか？

「サラリーマンの生涯年収は3億円」といったが、だからといって新入社員がこれだけのお金を確実に稼げるわけではない。その後の人生で病気になったり、リストラされたり、会社が倒産してしまうかもしれない。サラリーマンの人的資本にもリスクはあるのだ。

資産運用理論では、「実際の資産（ネット）」の価値は、「名目上の資産（グロス）」をリスクで割り引いて求める。「生涯年収3億円」は絵に描いた餅にすぎず、それを目の前の餅に換算しなければならない。いますぐ食べられる（市場で取引できる）この餅のことを「現在価値」という。

現在価値の詳しい説明を後回しにして、人的資本のリスク（割引率）を8％とすると、65歳の定年まで働くサラリーマン（生涯年収3億円）が入社時に持っている人的資本の価

図3　20代のポートフォリオ

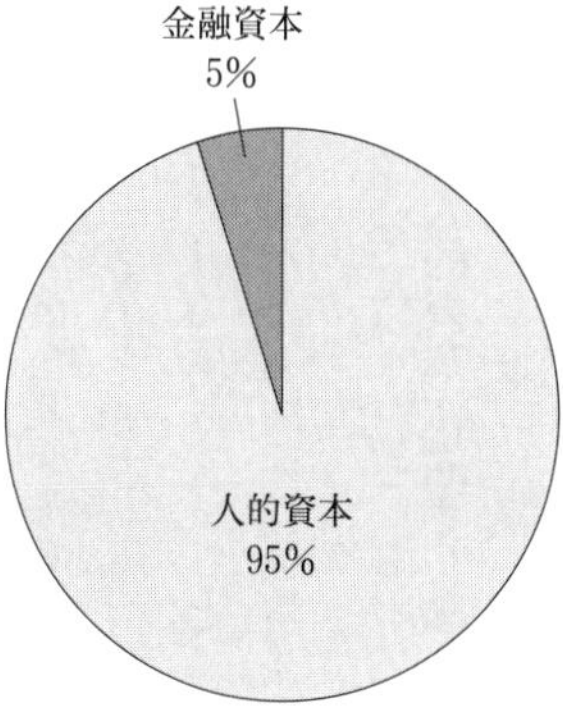

図4　60代のポートフォリオ

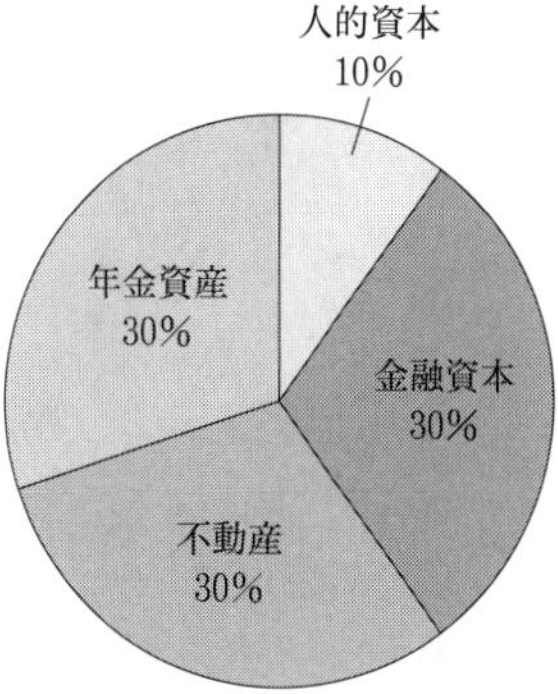

値は約1億3500万円になる（入社時の年収2500万円、退職時1300万円、退職金3000万円で試算）。

私たちはみな1億円を超える人的資本を持って働きはじめるが、労働市場から退出すると、その価値はゼロになる。大学を卒業して数年間働き、結婚して専業主婦になると1億円を超える人的資本をドブに捨てることになる。これは経済学的にはきわめて不利な選択だが、それにもかかわらず日本では専業主婦に憧れる若い女性が多いのは驚くべきことだ。

日本の会社には定年制があり、サラリーマンは一定の年齢に達すると労働市場から退出し、その時点で人的資本を失う。このように人的資本は若いときほど大きく、年齢とともに減っていく（図

3、4)。

それに対して金融資本は、預貯金や株式、(マイホームを含む)不動産などの合計だから、若いときはほとんどなく、年齢とともに増えていくのがふつうだ。日本では金融資産の大半を60歳以上が保有しているが、これは富を蓄積するのに時間がかかるからだ(前頁図4)。

社会人になったばかりの20代では財布の中身(金融資本)にそれほど大きな違いはない。だが人生にはいいことも悪いこともあるから、年を経るにつれて徐々に差がついてくる。その結果、高齢者の資産分布はミリオネアから生活保護受給者まで大きく広がる。これが、高齢化が進むと経済格差が拡大する理由だ。

いったんリタイアすると労働市場から富を得ることはできなくなり、(年金を含む)金融資本の運用だけで生活することになる。**老後は誰もが一人の投資家**なのだ。

すべての日本人が「投資」を学ばなければならない理由はここにある。

長く働けば人的資本は大きくなる

社会人になった時点で1億円を超える人的資本(現在価値)を持っていることからわか

るように、日本のようなゆたかな国では、ほとんどのひとは金融資本よりも人的資本の方がはるかに大きい。欧米で専業主婦がいなくなったのは、働かないことの損失（なんといっても1億円を捨てるのだ）がはっきり意識されるようになったからだ。

私たちは金融資本の運用よりも先に、人的資本の運用を真剣に考えなければならない。

これが「資産運用」の第一の原則だ。

人的資本からより大きな富を得る方法は2つある。

①人的資本への投資によって運用利回りを上げる
②人的資本の運用期間をできるだけ長くする

①は自己啓発本などに書かれている方法だ。資格を取得したり、コミュニケーション（コミュ力）などのスキルを上げたり、「南極のペンギンに氷を売る」営業力を身につければ単年度の収入を大きく増やすことができるだろう。

しかしそれよりもっと確実なのは、②の方法だ。当たり前の話だが、長く働けば働くほど労働市場から得られる富は大きくなる。

退職時に必要な金融資産として5000万円とか1億円とか、さまざまな金額が流布している。考え方は単純で、サラリーマンが退職後に受け取る厚生年金の平均受給額を月額15万円として、自分が望む老後の生活にいくら足りないのかを計算し、その差額に年数を掛けているだけだ。

一般に、夫婦2人で月額30万円あれば余裕のある暮らしができるとされている。そうすると不足額は月額15万円で、老後を長めに見て30年とすると、退職時点で必要な金融資産は5400万円になる。

このような説明で、さまざまな〝資産運用術〟が説かれている。マトモなものからいかがわしいものまで玉石混交だが、ここでは発想を根本から変えることを提案してみたい。

定年制は年齢による強制解雇

ここで強調しておきたいのは、「万が一、日本国の財政が破綻しても年金がもらえなくなるわけではない」ということだ。ギリシアをはじめ財政破綻に陥った例はいくつもあるが、社会保障制度を全廃した国はひとつもない。

第二次世界大戦後の福祉国家の登場で、国家のアイデンティティは戦争によって領土を拡大することから、「国民の幸福の最大化」に変わった。社会保障制度をなくしてしまえば国家の存在理由はなくなるから、政府が社会福祉を放棄することはあり得ない。最悪の場合でも、将来の年金の（実質的な）減額を前提として、安心して老後を過ごせるよう準備しておけばいいのだ。

誰もが知っているように、日本の年金制度の最大の問題は少子高齢化だ。

公的年金制度が創設された1940年代は定年が50歳で、日本人男性の平均寿命は55歳だった。1960年代は現役世代15人で高齢者1人を支えていたから年金制度は磐石のものに思えたが、定年後の平均余命が30年近くある長寿社会になり、おまけに子どもの数が減ったことで、いまでは2・4人で1人を支えることになった（2025年には1・8人で1人を支えると推計されている）。制度の持続可能性に不安を感じるのは当たり前だ。

日本の会社は「終身雇用」といわれるが、定年制は一定の年齢に達した社員を強制解雇する仕組みで、年齢による差別を禁じたアメリカでは違法だ。**問題は高齢化ではなく、日本人の平均寿命に比べて定年という強制解雇が早すぎることにある。**

もっとも、定年を廃止するには日本的な雇用慣行を全面的に変えなければならないから、一朝一夕には無理だろう。しかし自らの努力と工夫によって、社会的には解決困難な問題を個人的に解決することは可能だ。

年金不安をもっとも簡単に解決する方法

あなたが手に職を持っていて、退職後でもそれを活用して月額20万円の収入を得られるとしよう。１年間の総収入は２４０万円だから、定年後の60歳から10年間働けば２４００万円、80歳までの20年間なら４８００万円だ。この単純な計算からわかるように、**働けば年金問題は存在しなくなる**（表５では長期金利２％で割り引いて60歳時点の人的資本の現在価値を試算した）。

年金はもともと、定年という強制解雇によって労働市場から退出させられるサラリーマンを救済する制度だった。それ以前は国民の大半は農業などの自営業者で、一生働くのが当たり前だったから年金制度は必要なかった。

高齢者の仕事というと、コンビニのレジ打ちとか道路工事の交通整理を思い浮かべるかもしれないが、人口が減少する社会では高齢者や女性の労働力に期待するしかないのだから、仕事の機会はいまよりもずっと増えるだろう。肉体労働のような単純作業は移民などによって担われ、知識や経験のある労働者はそれぞれの専門分野で働きつづけることにな

表５　月額20万円の収入を得られるとしたら60歳時点の人的資本はいくらになるか？

退職年齢	人的資本
60歳	0円
65歳	1131万円
70歳	2156万円
75歳	3084万円
80歳	3924万円

80歳まで働ける仕事を持てば、人的資本は約4000万円で「老後」問題は存在しなくなる

＊「年収」×「年数」を長期金利2%で割り引いて60歳時点の現在価値を計算した。

るはずだ。だとしたら重要なのは、必死にお金を貯めることよりも（それが悪いとはいわないが）、労働市場のなかで自分の価値を高め、年齢にかかわらず稼げるようになることだ。

「老後問題」の本質は老後が長すぎることにある。だったら、それを解決するには老後を短くすればいい。

これは荒唐無稽な話ではなく、北ヨーロッパ（北欧やベネルクス三国）では、「共同体に貢献するひとだけが共同体から恩恵を受けられる」というのが当たり前になっている。これらの国々は、デンマークが「世界でいちばん幸福な国」に選ばれたように、さまざまな国民意識調査で人生に対する満足度が日本よりずっと高い社会でもある（競争力や社会の公正さも日本より高い）。

老後を孫の世話をして過ごすのが幸福という価値観は、グローバルスタンダードではすでに時代遅れになった。

とりわけ日本の男性は、会社から切り離されてしまうと家庭にも社会にも居場所がなくなって孤立してしまう（あなたの周囲にもそういう例はいくらでもあるだろう）。悠々自適の生活を送っているつもりが、「そんなことしてなにが楽しいんですか」と真顔で聞かれる時代が、日本にももうすぐやってくる。

幸福というのは相対的なものだ。誰もうらやましいと思ってくれなければ、安楽な生活も虚しいだけだろう。これからは「可能なかぎり長く働く（社会に参画する）」という生き方が人生の新しい価値になるのだ。

第2章　「金融の常識」にダマされないために

3　宝くじを買うひとは資産運用に成功できない

ステージに上がった観客に、手品師が訊く。

「財布をなくしていませんか？」

相手が首を振ると手品師は不思議そうにつぶやく。

「おかしいですねえ」

尻ポケットに入っていたはずの財布が手品師の左手に収まっている。

手品師はどうやってこんな不思議なことをするのだろうか。もちろんきびしい訓練のたまものだが、仕掛けは案外単純だ。手品師は、私たちの無意識を操作するのだ。

手品師が右手を大きく波打たせると、相手は思わずその手を見詰め、それ以外の出来事は視界から消えてしまう。その隙に、左手でポケットから財布を掏り取る。

なぜこんな子どもだましに引っかかるのかというと、38億年の生命の進化の歴史を利用しているからだ。

視覚を持つすべての生き物は、真っ直ぐに動くものを無視して不規則なものを注視する。

図6

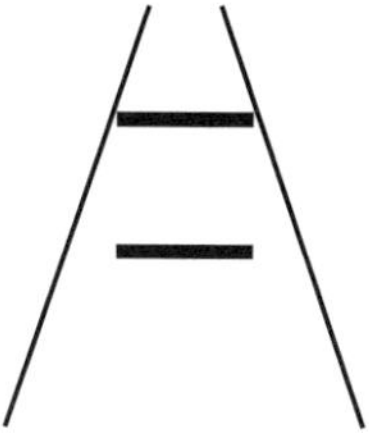

図7

樹から落ちるリンゴの行方は予測可能だが、生き物は不連続に動き、自分が食べられそうになったり、自分が食べたりできるからものすごく重要だ。私たちの視覚は、自然法則に反するものを見たときにはそれに全神経を集中するようにできているのだ。

私たちのまわりにあふれる小さな魔術

私たちはすべてのものごとを正確に把握していると思っているが、じつは無意識にはさまざまな癖がある。これが錯覚だ。

図6では、上の横棒が長く下の横棒が短く見えるが、測ってみると長さは同じだ。

図7は三つの欠けた円を並べたものだが、じっと見詰めていると三角形が浮かんでくる。もちろん、三角形は地の色と同じだ。

なぜこんな錯覚をするのかというと、ここにもやはり進化論的な理由がある。

図6は遠近法で、この錯覚がないと、サバンナでライオンと出会ったときに相手との距離を測れない。

図7は、欠けた円が三つあると認識するよりも、三つの円の上に三角形が載っていると思った方が役に立つと、無意識が知っているからだ。

無意識が知恵を持つのは奇妙に感じるが、考えてみればこれも当たり前だ。ウサギを追いかけるライオンを思い浮かべてほしい。逃げるウサギが岩の陰に入れば、ライオンの視界から消えてしまう。

見えなくなったことでウサギを逃したと思えば、ライオンは追うのをあきらめるだろう。だがこんなことをしていては、一匹の獲物も獲れずにたちまち餓死してしまう。

追いかけるライオンは、岩の背後にウサギがいることと、反対側から飛び出してくることを知っている。モノが重なれば背後が見えなくなることは、脳が進化の過程で獲得した知恵なのだ。

娯楽としてのマジック（手品）は、種があることを相手に教える約束になっている。この約束事がないと、同じマジックでも魔術になる。

熟練した魔術師は、手品師と同様に、相手の無意識を操れる。どれほど知的なひとでも、錯覚を利用して無意識に働きかけられるとまったく抵抗できない。

もっとも、この世の魔術がすべて悪だというわけではない。私たちのまわりには小さな魔術があふれていて、それはマーケティングと呼ばれる。

マーケティングは、消費者に効果的に商品を販売する技術のことだ。いろいろなやり方があるが、もっとも手軽に「欲しい！」という購買衝動を喚起するには錯覚を利用するのがいちばんだ。

不動産や車など高額品のセールスは、心理的な技法を駆使して顧客を誘導しようとする。これも魔術の一種だが、最近ではメンタリズムと呼ばれている。

一流のメンタリストは、相手のこころを読んで判断や行動を操る。アメリカでは、メンタリストのセミナーが営業マンに大人気だ。

魔術師から身を守るためには、不思議な出来事を直感的に信じるのではなく、自分が常に錯覚していることを自覚しなければならない。健全な懐疑主義だけが魔術に対抗できるのだ。

宝くじが金融商品だったら

「フィナンシャルリテラシー」は金融商品の読み書き能力のことだ。このリテラシーがあるかどうかを見分けるもっとも簡単な方法が宝くじだ。

2013年末から、ジャンボ宝くじの1等と前後賞を合わせた賞金がこれまでの6億円から7億円に引き上げられた。その分だけ、300円で買える〝庶民の夢〟が大きくなったのだという。

ジャンボ宝くじは1ユニットが1000万枚で、1等5億円は1ユニットに1枚、前後賞は2枚だ。ほとんどのひとは連番で買うだろうが、1等と前後賞はセットではないから、7億円が当たる確率は1000万分の1を下回る。

日本の交通事故死者数は年々減少して、2013年は4373人だった。これを人口比で見ると、1年間に交通事故で死亡するのは3万人に1人だ。

宝くじで1等が当たる確率は交通事故死の300分の1以下。ということは、宝くじを10万円分買って、ようやく1年以内に交通事故で死ぬ確率と同じになる。

それでは宝くじの手数料はどうなっているのだろう。

100円の購入代金のうち平均していくらが賞金として払い戻されるかが宝くじの期待

値（還元率）で、ジャンボ宝くじでは49・66円しかない。賞金分は半分だけで、残りの半分は販売経費を差し引いたうえで地方自治体に分配される。

金融庁は金融商品取引法（金商法）で、株式やファンドなどを販売する事業者に対して、顧客保護の原則に立ってきびしい義務を課している。

金融商品を販売する際は、過度に射幸心を煽らず、顧客に正確な情報を提供し、冷静で客観的な判断ができるようにしなければならない。とりわけ投資のリスクを説明することと、顧客にとって不利な情報、すなわち金融商品のコストを明示することが強調されている。

宝くじの商品特性を金商法の理念に照らすと、券面にはリスクとコストを次のような文面ではっきりと書く必要がある。

「宝くじの購入にはリスクがあります。1等の当せん確率は1０００万分の1で、宝くじを毎回3万円分、０歳から1００年間購入したとしても、99・9％の購入者は生涯当せんすることはありません」

「宝くじには、購入代金に対して50％の手数料がかかります。宝くじの購入者は、平均して購入代金の半額を失うことになります」

射幸心を煽る国家の悪質商法

年末ジャンボ宝くじは、かつては1等前後賞合わせて1億円だった。日本の場合、90年代半ばから20年ちかくインフレ率はほとんど1％以下なので、お金の価値が大きく減価したわけではない。それなのに宝くじの賞金が7倍になった理由のひとつがサッカーくじの存在だ。

サッカーくじはファンが試合結果を予想して楽しむためのもので、ヨーロッパでは広く親しまれてきた。Ｊリーグが発足すると、２００１年から「日本にサッカー文化を育成する」という大義名分で発売が開始されたが、当初は売上げがまったく伸びなかった。「試合結果を予想する」という仕組みが、一般の宝くじ愛好家にとってはただ面倒くさいだけだったからだ。

そこで起死回生策として、06年に1等当せん金の最高額を6億円に引き上げたＢＩＧが発売された。ＢＩＧはコンピュータがランダムに試合結果を予想するので、買い手はなにもする必要がない。

サッカーくじのもうひとつの特徴はキャリーオーバーがあることだ。参加者が誰一人試合結果を的中させられないと当せん金が繰り越され、規定の上限に達するまで賞金が増えていく。

年末ジャンボ宝くじの最高賞金7億円は、BIGの登場で宝くじの売上げが頭打ちになってきたことへの対抗策だ。それに対してBIGは、東京五輪開催決定を追い風に、1等賞金7億5000万円、キャリーオーバーが最高15億円になることが決まった。

宝くじを運営する日本宝くじ協会は総務省所管の財団法人、それに対してサッカーくじを運営する日本スポーツ振興センターは文部科学省の外郭団体だ。宝くじの賞金がどんどん高くなるのは、省庁間の利権争いの結果でもある。

もちろん、賞金額が大きいからといって顧客が有利になるわけではない。サッカーくじの期待値も宝くじと同じようなもので、くじの購入代金の半分は最初に没収されてしまう。宝くじより仕組みが複雑で当せん確率が予想しにくい分、そのリスクとコストはよりはっきりと伝えられるべきだ。

しかし宝くじもサッカーくじも、7億円とか10億円とかの最高賞金を連呼して射幸心を煽るだけで、顧客にとって不利な情報を積極的に伝える気はないようだ。この国では、民間事業者なら「悪質な販売手法」として業務停止処分を受けるようなことを政府が堂々と行なっている。

宝くじは「愚か者に課せられた税金」

宝くじがなぜ国家の独占事業かというと、それがきわめて効率のいい〝ぼったくり〟だからだ。ところが世の中にはこの仕組みを理解できないひとがいる。それも、ものすごくたくさん。

ＢＩＧの抽せんは原則毎週日曜日に行なわれ、数億円（キャリーオーバーがあれば十数億円）を手にする幸運なひとが現われる。ジャンボ宝くじは年5回行なわれており、そのたびに数十人の億万長者を確実に生み出している。

宝くじのいちばんの魅力は、大金を手にするのになんの努力もいらないことだ。当せん者は特別な知識や才能を持っているわけでもなければ、艱難辛苦を経たわけでもなく、ただ運がいいだけだ。だったら、同じ〝ふつうのひと〟である自分に同じ幸運が訪れたとしてもなんの不思議もない――このようにして私たちは、ほとんど起こらないことを、あたかも頻繁に起こるかのように錯覚してしまう。ひとは確率的な出来事を正しく把握するのが苦手なのだ。

ラスベガスのルーレットの期待値は95%、パチンコは97%、カジノでもっとも人気のあるバカラの期待値は99%だ。競馬などの公営競技でも期待値は75%ある。期待値が50%を下回る宝くじやサッカーくじは、世界でもっとも割の悪いギャンブルだ。

宝くじは税金とよく似ているが、消費税や所得税などとちがって国民全員に課税されるわけではない。宝くじを通じて「税金」を納めているのは、確率を正しく計算できないひとだけだ。そのため経済学では、宝くじは**「愚か者に課せられた税金」**と呼ばれている。

公共事業やスポーツ振興が大事なら、国会や地方議会で審議して税として国民（住民）から平等に徴収するのがデモクラシーの大原則だ。ところが増税は有権者から嫌われ選挙で不利になるから、政治家は宝くじで射幸心を煽り「愚か者」からぼったくって儲けを関係者で分配しようとする。

もっとも「宝くじは割に合わないギャンブル」というのはいまや常識となり、売上げは頭打ちになってきている。公営賭博の収益には多くの団体がぶら下がっているから、既得権者にとってこれは深刻な問題だ。こうして最高賞金の額だけが際限なく増えていく。

私たちは誰でも、こころのどこかで自分が世界の中心だと思っている。「私」が見たり聞いたり触れたりすることで「世界」が存在するのだから、その臨場感は圧倒的で、自分はいつも〝特別〟なのだ。

だがいうまでもなく、これも一種の錯覚だ。地球上には70億人のひとびとが暮らしており、「私」はそのなかの一人に過ぎない。ささやかな名声を手に入れたとしても、死後10年もたてば「私」を話題にするひとなど誰もいなくなるだろう。

これは客観的には真実だが、それをありのまま受け入れると生きている理由がなくなってしまう。完全に合理的だと人生は無意味になって、ひとは死ぬか狂うかしかなくなるのだ。

生きていくためには、「特別な自分には特別なことが起きる」と信じるくらい楽天的でなければならない。しかしその一方で、この錯覚があらゆる種類の災厄を招き寄せるのも事実だ。

和牛商法から未公開株詐欺まで、あやしげな業者は心理的な歪みを利用した巧みなマーケティングで近づいてくる。ウマい話に飛びつくのは、もっとも確実に破滅する方法だ。もしあなたが宝くじに大金を払っているのなら、資産運用に成功することは永遠にないだろう。

４　「不幸の宝くじ」生命保険の正しい考え方

この世の中に宝くじが存在するのは私たちが確率を正しく計算できないからだが、同じ確率の錯覚を利用した金融商品が生命保険だ。

宝くじを買うと、あらかじめ決められた確率（１年以内に交通事故で死ぬよりもはるかに小さな確率）で億万長者になれる。生命保険に入ると、年齢別の死亡率に応じて保険金が支払われる。

唯一のちがいは、宝くじに当たるとうれしいが、保険金を受け取る時は死んでいるということだ。生命保険は〝不幸の宝くじ〟なのだ。

生命保険の正しい買い方

不幸の宝くじの「当せん確率」は人口動態調査などから簡単に調べられる。

日本のような長寿社会では、めったなことではひとは死なない。死亡率が１００人に１人（１％）を超えるのは、男性で65歳から、女性は75歳からだ。

40歳で期間10年の生命保険に入ったとして、保険金を受け取るのは男性でおよそ100人に2人、女性は100人に1人だ。残りの98人の男性と99人の女性は〝外れくじ〟を引くことになるが、満期まで息災だったのだからこれは喜ぶべきことだ。生命保険とは、「外れることに意味のある宝くじ」でもある。

ところであなたは、100本に1本か2本しか〝当たり〟の出ない宝くじのために毎月何千円も払うだろうか。もしもひとが完全に合理的なら生命保険に入ろうとは思わないだろう。

それでも保険が成立する理由のひとつは、私たちがよいことの確率（宝くじに当たる）と同じように、悪いことの確率（病気や事故で死んでしまう）も、実際よりかなり高く見積もっているからだ。

生まれたばかりの子どもをあやしながら、明日、自分が死んだらこの子はどうなるだろうと不安に思う。20代の死亡率は1000人あたり1人を下回っているから、若い親が自分の死を考えることは統計的には意味がない。それでも親の愛情は、最悪のことを想定して子どもの安全と幸福を願うのだ。

このようなときこそ、生命保険は役に立つ。だがここにも、正しい〝宝くじの買い方〟

がある。

①もっとも経費率の低い生命保険に加入する
②保障は必要最低限にする
③保障が不要になったらすぐに解約する

宝くじより割の悪いギャンブル

日本の大手生命保険会社は、驚くべきことに、これまで保険の原価を企業秘密としていっさい公表していない（ライフネット生命がはじめて公開した）。隠さなければならない理由は、付加保険料（保険会社の手数料）がものすごく高いからだ。期間10年の定期保険では手数料率が6割を超えるものもあり、悪名高い宝くじ（経費率5割）より割の悪い〝ギャンブル〟になっている。

生命保険の経費率がこんなに高いのは、保険外交員を大量に雇って会社訪問する販売方法にコストがかかりすぎるからだ。それに対して対面販売をしないネット保険や共済保険はそのぶんだけ保険料が安いから、そのなかから自分に適した商品を探せばいいだろう。

保険会社は「大きな保障は大きな愛情」と宣伝するが、保険金が高額になれば保険料は上がり、保険会社の儲けも大きくなる。

そもそも日本のようなゆたかな国では、両親に不幸があっても祖父母やきょうだい、親戚が面倒を見るだろうから、幼い子どもが路頭に迷うようなことはほとんどない。国民年金や厚生年金から遺族年金も支給されるので、冷静に考えれば必要な保障額は思ったよりずっと少ないはずだ。

満期まで律儀に保険料を払いつづけているひともいるが、子どもが成人したり、じゅうぶんな貯蓄ができれば、もはや生命保険による保障は必要ない。加入者は生命保険から「安心」を手に入れる代償として、高い経費を負担している。別の方法で安心が確保できれば、ムダな保険は真っ先に解約すべきだ。

損をしながら「生命保険で貯金する」

保険会社は生命保険の商品設計にあたって、私たちのもうひとつの錯覚を利用している。それが、「掛け捨ては損だ」という思い込みだ。

生命保険は〝不幸の宝くじ〟で、満期まで生きていれば支払った掛け金は戻ってこない。

だからこそ多額の保険金(当せん金)が払われるのだが、なぜかほとんどのひとはこの単純な仕組みを理解しない。

宝くじに外れたひとが、「払った宝くじ代金が没収されるのはおかしい」と文句をいうのは理不尽だろう。そう思うなら、最初から買わなければいいだけだ。

ところが保険では、「保険料(賭け金)が掛け捨てなのは損だ」という奇妙な理屈が蔓延している。さらには保険会社が、誤解を正すどころか、それを利用して保険と貯金を合体させるという摩訶不思議なことをしている。

「生命保険は宝くじと同じ」という原則に立ち戻ってみよう。あなたは宝くじで貯金しようと思うだろうか。そんなことを真面目にいえば、いちど病院で診てもらった方がいいと忠告されるのが落ちだ。

終身保険や養老保険、個人年金保険は貯蓄型保険と呼ばれる。その仕組みを簡単にいうと、1枚300円の宝くじ代金を500円に値上げして、差額の200円を貯めておき、何年(何十年)か経った後に経費を差し引いて払い戻すのだ。

掛け捨ての生命保険は損をするような気がするが、貯蓄型保険と組み合わせると、掛け捨て部分が見えにくくなって商品の魅力が増す。おまけに保険会社は、ふたつの保険から手数料を徴収できる。医療保険やがん保険などにも加入させて、一人の顧客からできるだけたくさんの保険料を受け取るのが保険ビジネスの基本だ。

保険会社は、集めた保険料を日本国債などで運用している。銀行もまた、預金を国債に投資して定期預金などの利息を払っている。

貯蓄型保険は、加入者からすると、保険会社にお金を払って定期預金するのと同じだ。銀行に預金するのに経費はかからないのだから、〝宝くじ〟と貯蓄を分離して、自分で預金を積み立てた方が有利なことは明らかだ。貯蓄型保険は、資産運用としてはほとんど意味がない（80年代から90年代半ばに加入した終身保険の貯蓄部分は、保険会社の持ち出しで4〜5％の高い金利で運用されている。これが「お宝保険」と呼ばれるもので、価値のある貯蓄型保険はこれだけだ）。

それではなぜ、これほど多くのひとが貯蓄型保険に加入するのだろうか。実はそれにもちゃんと理由がある。

保険のもうひとつの特徴は、保険料が銀行口座から自動引き落としされることだ。いったん引き落としが始まると、私たちはそれを公共料金などの支払いと同じだと錯覚する。保険は「愛情の証」とされているから、保険料を払わないのはどこか後ろめたくもある。こうして、遊興費を節約して将来のために貯蓄できるようになる。

ひとは現在の楽しみをあきらめて何十年も先の老後のために積立てをするほど合理的ではない。だからこそ、損をしながら「宝くじで貯金をする」という不合理な仕組みに頼っているのだ。

医療保険は所得保障保険

「生命保険（死亡保険）には意味がない」ということに納得するひとも、「医療保険には入っておかなければ」と考えるだろう。これから10年で死ぬ確率よりも、65歳（あるいは80歳）までに病気になる確率の方がはるかに高いからだ。この問題はどのように考えればいいのだろうか。

最初に議論の前提を確認しておこう。

日本では正しい意味での医療保険は一つしかなく、それは日本国の運営する国民健康保険（国保）だ（会社員の場合は健康保険組合が運営を代行）。

病気になって医者にかかると、治療費や薬代に応じて、通常は7割、高齢者は9割の保険金が国保から支払われる。ただしこの保険金は、患者ではなく病院が受け取ることになっている。

民間保険会社が提供する保険のなかで、このように医療にかかる費用を直接補償するものは（一部の例外を除いて）ない。日本でいう「医療保険」とは、入院日数に対して5000円とか1万円とかの定額の保険金が支払われるタイプの保険のことだ。

日本の健康保険制度はきわめて手厚く、長期入院や高額医療で治療費がかさんでも、患者の自己負担は一定額に抑えられるようになっている。医療費が100万円の場合、患者の自己負担は3割の30万円だが、高額療養費制度によって1カ月あたり約9万円（70歳以上は毎月4万4000円）が自己負担の上限になる。

アメリカでは医療費負担による自己破産が社会問題になっているが、日本では保険対象外の先進医療でもないかぎり病院への支払を心配する必要はない。だったらなぜ、民間の医療保険が必要になるのだろう。

病気やケガで3カ月の長期入院を余儀なくされたとしよう。会社がその間も給与を保証してくれればいいが、自営業者や中小企業は収入が途絶えて家族が路頭に迷ってしまうのだ。国保で医療費がカバーできたとしても、長期入院による収入減で家計が破綻してしまうのだ。

こんなとき入院日数に応じて保険金が支払われればどれほど助かるだろう。これが医療保険の役割で、その本質は「所得保障保険」なのだ。

医療保険の2つの原則

医療保険の役割が所得保障だとすると、ここから2つの原則が導き出せる。

医療保険の原則①　年金受給者になったら医療保険は必要ない

働いているひとは、病気やケガで収入を失うリスクを抱えている。それに対して年金は、健康状態にかかわらず毎月定額が支払われる。年金で所得が保証されている以上、医療保険でさらに所得保障するのは無駄だ。

医療保険の原則②　医療保険はできるだけ受け取りにくくする

私たちが貯金をするのは、いざというときに備えるためだ。1カ月の生活費が30万円として、100万円の貯金があれば3カ月は無収入でも生きていくことができる。

そもそも医療の高度化と長期入院の診療報酬引き下げによって、1990年には38・4日だった平均入院日数は2010年には18・2日まで短期化している。がんや心疾患でも20〜25日で、入院日数が1カ月を超えるような病気は脳血管疾患（約100日）や精神疾患（約320日）などごく限られている。

このように考えると、まとまった額の貯金があるひとは医療保険に入る必要はなく、保険料を貯蓄や投資に回したほうがずっと得だということになる。

もちろん、「統計的に正しいことが自分の人生にとって正しいわけではない」というのは真実だ。〝不幸の宝くじ〟を引き当てる可能性がゼロではない以上、万全の備えを望むのが人情だろう。

ところで、3カ月の長期入院でもなんとか生計を維持できるだけの貯金があるのなら、そのひとにとってほんとうに必要な保険とはどのようなものだろうか？　それは、入院後3カ月経ってから無制限に保険金が支払われる商品だ。これなら長期入院で貯金が底をついても収入が途絶えることはない。

3カ月以上の長期入院をする確率はきわめて小さいので、ほとんどの場合保険料は払い損になるだろうが、そのぶん保険料は安くすむ。これで〝万が一〟のときの心配がなくなるのだから、これこそが保険に期待される役割だ。

ところが日本の医療保険は入院直後（場合によっては初日）から保険金の支払いが始まり、90日程度で支給が終わってしまう。本来必要とされる商品とはまったく逆なのだ。

このような不合理なことが起こるのは、保険加入者が〝掛け捨て〟を損だと嫌うからだ。保険会社は「売れる商品」がなければつぶれてしまうから、保険料を高くする代わりに無意味に支給を早めたりして、なんとか「お得感」を出そうとする。このようにして、医療保険はどんどん理想から離れていく。

経済的に合理的な保険商品が販売されないからといって、保険会社だけを責めても仕方がない。宝くじ売り場に行列ができるような社会では、経済合理的なひとが加入できる保険はなくなってしまうのだ。

5　金融商品は「理不尽な買い物」

空海が1200年前に修行の場として開山した日本仏教の聖地・高野山で、投資の失敗による大騒動が起きている。

高野山真言宗と総本山金剛峯寺《こんごうぶじ》の2法人は、お布施や賽銭など非課税の浄財を含む30億円をリスク商品に投資した結果、東日本大震災直後の2011年3月末に15億3000万円の含み損を抱えたという。〝安倍バブル〟で損益は改善したものの、運用実態が不透明だとして2013年2月、内局トップの宗務総長の不信任案が可決され、宗会を解散する異例の事態に至った。

報道によれば信徒の浄財30億円は日本株と連動する金融商品だけでなく、トルコリラや南アフリカランド、ブラジルレアルなどの新興国通貨にも投資されていたようだ。取材に対して宗務総長は「めちゃくちゃ利益があったいい時代に組んだ予算を縮小できなかった」、財務部長は「坊主には無理と思ったが、証券会社に言われるままに購入した」とこたえている。

人間の愚かさを教えてくれた高野山の高僧

高野山の高僧はなぜ、証券会社の営業マンの説明をあっさり信じてハイリスクの投資をしたのだろうか。高僧ともなれば性善説で他人を疑ったりしないのだろうか。あるいはもともと「坊主には投資など無理」で、大手金融機関の看板に惑わされたのだろうか。

おそらく、真実はもっと別の場所にある。

ひとはみな、無意識のうちに自分を世界の中心だと思っている。これは生き物としての本能で、どれほど修行を積もうとこの錯覚を正すことはできない。

自分が特別な存在なら、そんな自分のところに〝特別な儲け話〟が来るのは当然のことだ。高野山の高僧ともなれば高い人徳を持っている（はずだ）から、銀行や証券会社がその威光に慄《おのの》いて、下々の者が知るはずのない素晴らしい投資情報を教えてくれたとしてもなんの不思議もない……。

これは、自分だけがおいしい思いをしたいという我欲そのものだ。そのうえ、絶望的なまでにひとを見る目がない。

証券会社の営業マンが高野山の高僧をちやほやしたのは、社会的な地位の高い傲慢な客ほど簡単に騙せることを知っているからだ。

過去のデータを都合よく編集し、ウマい話を並べ立てればぽんと30億円払ってくれる。販売手数料を3％とすれば、これで約1億円の〝お布施〟が転がり込んでくる計算だ。ノーリスクハイリターンのこんなボロ儲けができるなら、どんなお追従だって口にするだろう。

この不祥事ではっきりしたのは、密教のきびしい修行に耐えて高位の聖職者になったとしても、金銭欲の煩悩からは逃れられないということだ。浄財をハイリスクな投資に注ぎ込むのは儲けたいからで、投資の失敗を隠すのは責任を逃れるためだ。その姿をあさましいと思うだろうが、それをいうなら政治家も僧侶も私たちもみんなあさましいのだ。高野山の高僧は、人間の愚かさを身をもって教えてくれたのだ。

「買い物で損をする」という理不尽な体験

金融商品が食品（イチゴ）や家電製品（テレビ）といちばんちがうのは、〝かたちがない〟ということだ。

イチゴなら、八百屋の店頭で大きさや色つや、産地などを見ればだいたいの良し悪しは判断できる。おいしいかどうかは、食べてみれば誰でもわかるだろう。

家電量販店に行けばたくさんの液晶テレビが並んでいて、価格や大きさ、映り具合を比較できる。専門雑誌の評価やインターネットの評判を調べたり、店員にアドバイスを求めたりするひともいるだろう。

「テレビを買って後悔した」というひとがあまりいないのは、事前にちゃんと調べればそのとおりの商品が手に入って納得感があるからだ。それに対して、かたちのない金融商品ではこうした「買い物の常識」がまったく通用しない。

誰もが戸惑うのは、株式や投資信託などの金融商品は「損する」ことがある、ということだ。そもそも買い物は得をすると思うからこそ成り立つわけで、「損をしたのに文句をいえない」というのはとてつもなく理不尽な体験だ。

金融商品のもうひとつの特徴は、「よい商品」と「悪い商品」の区別がつかないということだ。これまでものすごく儲かっていた投資信託が買ったとたんに暴落してしまった、ということが頻繁に起きる。過去の成績は将来の予測になんの役にも立たない。

さらに困ったことに、ブランドもたいして信用できない。ソニーやトヨタの製品はたしかな品質で知られているが、大手金融機関で金融商品を買えば必ず得をする、というわけにはいかない。

もっともその代わり、金融市場は投資家にとてつもない幸運をもたらすことがある。株価が5倍や10倍に上がることは珍しくなく、アルバイトで貯めた１６０万円をたった5年で１５０億円に増やした若者や、ＦＸで4億円を超える利益をあげ、約１億４０００万円を脱税していた主婦が話題になったこともある。

ヤギがオオカミに変わる理由

あなたが金融機関の営業マンだとしたら、こうした特徴を持つ商品を誰にどうやって売るだろうか。

「誰に」というのは、ものすごくはっきりしている。金融商品というのは衣類や食品とちがって不要不急のものだから、お金に余裕があるひとしか買えない。

20代や30代は資産より負債の方が多く、40代は子どもの教育費などで家計に余裕がない。高額の金融商品を買ってくれそうなのは、子育てが終わり住宅ローンも払い終わった高齢者だけだ。

「誰に」はわかったとして、次は「どのように」売るかだ。

あなたが誠実な営業マンなら、金融商品の仕組みやリスクとリターンの関係などを懇切丁寧に説明するだろう。納得したうえで購入し、そのうえで得をするのも損をするのも自己責任、というのが投資のルールだからだ。

しかし残念なことに、こうした誠実さはほとんどの場合、なんの役にも立たない。どれほど説明しても理解されることはまれで、ひとは理解できないものにお金を出したりはしないからだ。

これはよくいわれるように「金融商品が複雑だから」ではない。私たちが馴れ親しんでいる「常識」とあまりにもかけ離れているためだ。

顧客が商品に納得しないとき、誠実な営業マンの正しい態度は黙ってその場を辞することだ。しかし金融商品は、その本性からして「常識」では理解できないのだから、これでは誰にも買ってもらえない。そうなるとあなたはクビになって、親子ともども路頭に迷うほかはない。

家族を守ろうとするならば、あなたがすべきことはただひとつ。誠実さなどかなぐり捨てて、なにがなんでも商品を売りつけることだ。

私たちは「買い物＝得すること」と思っているから、金融商品に対しても、「儲かるんなら買ってもいい（損するならお金を出したくない）」と考えている。その気持ちが伝わると、切羽詰まった営業マンは、「絶対に儲かる」という魔法の言葉を思わず口にしてしまう。なぜこれが〝魔法〟かというと、このひと言でどんな商品でも売れるからだ。

ところがそういわれて買ってみると、おうおうにしてひどい損をすることになる。当然、顧客は「だまされた」と怒り出すだろう。これが金融商品でトラブルの絶えない理由だ。

不幸な結末を避けるにはどうすればいいのだろうか。
そのためにはいたずらに金融機関を批判するのではなく、顧客自身が変わらなければならない。金融商品の〝魔性〟が親切なヤギをオオカミに変えてしまうのなら、鞭や説教でヤギに戻そうとしても無理に決まっている。自分の大切な資産を守るためにもっとも大切なのは、金融市場と金融商品について正しい知識を持つことだ。

資産運用の4つの原則

最後に、資産運用を行なうにあたって知っておかなければならない原則をまとめておこう。

①確実に儲かる話はあなたのところには絶対に来ない

〝絶対儲かる〟ならば、赤の他人に儲け話を持っていったりせず、自分だけで独占すればいい。投資を募るのは、失敗したときの損失を分散する（他人に押しつける）のが目的だ。その代償として、事業が成功したときに投資家は利益の分配を受けることができる。**投資家の仕事は損をすること**なのだ。

②誰も他人のお金のことを真剣に考えたりしない

ファンドマネージャーは投資家から預かった資金を運用するが、彼らの顧客は見ず知らずの他人だ。私たちは、一面識もないひとをこころの底から大切に思うことはない。自分と顧客の利益を天秤にかけるような状況が生じたとき、どちらを優先するかはいうまでもない。だからこそ不特定多数が投資するファンドでは運用のルールが厳密に決められている。自由な運用が許されている時に大規模な詐欺が起こるのは、2000億円の運用資金の大半を消失させたAIJ投資顧問の事件を見ても明らかだ。

③誰も本当のことを教えてはくれない

2007年に、「円天」という仮想通貨で5万人を超える会員から1000億円を集める大規模な詐欺が発覚した。2011年に経営破綻した和牛商法の安愚楽牧場は、被害者数7万3000人、被害総額4200億円という戦後最大の消費者被害をもたらした。2013年には、アメリカの資産運用会社「MRIインターナショナル」が日本の個人投資家から1300億円を集めたものの、資金の運用実態がなかったことが明らかになった。なぜもっと早く対処できなかったのだろうか。

日本は法治国家なので、どれほどあやしくても司法の判断が下るまではすべてのひとは推定無罪だ。報道機関は、よほどのことがないかぎり容疑者が逮捕されるまで事件を報じない。

ジャーナリストも、うかつなことを書けば名誉毀損で訴えられるだけだから慎重にならざるを得ない。内部告発でもないかぎり不正を証明するのは困難なのだ。

業界内では悪い噂しかなかったＡＩＪやＭＲＩインターナショナルが新規の勧誘を続けられたのは、ファンドに実体がないという疑惑を公にできなかったからだ。これはすべての詐欺商法に当てはまることで、あなたがだまされていることを知っていても、誰も助けの手を差し延べてはくれない。

④自分の資産は自分で守るしかない

投資においてもっとも大事なのは、損しないことではなく騙されないことだ。

儲けるためにはリスクを取らなくてはならず、リスクを取れば損することもある。投資に損失はつきものだが、それはリスク分散で管理できる――資産運用理論というのは要するにこういうことだ。

投資詐欺に引っかかると、財産のすべてを失って人生がだいなしになってしまう。そんな悲劇を避けるには、**うまい話はすべて無視する**のがいちばんだ。

安易に他人に頼るのは、破滅へと至るもっとも確実な方法なのだ。

第3章　臆病者のための株式投資法

6　日本株の暴落をどうやって〝的中〟させたか？

『週刊文春』に「１万５０００円突破　日本株はもう高すぎる」という拙文が掲載されたのは２０１３年５月23日（木）で、その日に日経平均が１１４３円も暴落した。〝予想〟がこれほど見事に的中するのは珍しいので、実はちょっと自慢だ。

１週間後の暴落を当てたのはたまたまだが、「日本株はもう高すぎる」と書いたのにはちゃんと理由がある。「株価はどうやって決まるのか」がわかれば、現在の株価が割高か割安かを判断できるのだ。

大暴落直前に、私がなぜ「株価は上昇するより下落する可能性が高い」と考えたのか、そのときの文章を再掲しよう（文意は変えず、説明の部分を書き足している）。

株価はどのように決まるのか？

日経平均株価が5年5カ月ぶりに１万５０００円を超えて、株式市場は活況を呈している。株価はこれからどこまで上がっていくのだろうか。

もちろん未来は誰にもわからないが、標準的なファイナンス理論で、将来の株価を予測するヒントを得ることは可能だ。

「株価はどのように決まるのか？」

実はこの質問には唯一無二の正解がある。それもわずか一文で要約可能だ。

株価は、将来の一株あたりの利益の総額を現在価値に換算したものである

これはいったいなにをいっているのだろうか。

将来のお金が今すぐ手に入ったとしたら、いくらになるかが「現在価値」だ。

1年後に100万円を受け取る証文を持っているが、現金が足りないとしよう。金融業者に話をすると、95万円でその証文を買い取るという。このとき、「1年後の100万円の現在価値は95万円」という。

株式を購入すると、会社の利益から配当を受け取ることができる。1年後の配当が100万円で、そこで会社が解散することがあらかじめわかっているとすると、この株の値段はいくらだろうか。

これは先ほどとまったく同じ話だから、リスク（お金が支払われる見通し）も変わらないとすれば、やはり95万円で換金してくれるはずだ。

現在価値は、「将来のお金を取引する値段」のことだ。

不確実な将来のお金は確実な目の前のお金よりも価値が低いから、いついかなる場合でも現在価値は将来価値よりも小さくなる。このときの減額の割合が「割引率」で、1年後の100万円の値段が95万円なら割引率は5・3％だ（95万円を年利5・3％で預けたら1年後に100万円になるのと同じことだ）。

会社の経営者（CEO）は株主の代理人で、株主から預かった資本で事業を運営し、できるだけ多くの利益をあげるのが仕事だ。この利益は、売上から原材料費や人件費などもろもろの経費（コスト）を支払い、さらに税金（法人税）を納めた後の残りで、会計上は「純利益」として計上される。この純利益は、配当するかどうかにかかわらず、すべて株主のものだ。

年度末の純利益が10億円で、発行株式数が100万株だと、1株あたりの純利益は1000円になる（10億円÷100万株）。これをEPS（Earnings Per Share）といい、日本語では「一株あたり純利益」のことだ。

ＰＥＲという魔法の数字

それでは次に、１０００円のＥＰＳが未来永劫続くとしたら、株価はいくらになるか考えてみよう。これはようするに、毎年１０００円の利息が振り込まれてくるが、元本は永久に返済されない債券のことだ（こうした金融商品を「永久債」という）。

この計算は簡単で、ＥＰＳの１０００円を一定の割引率（ここでは５％にしよう）で現在価値に割戻し、それを合計すればいい。これには等比級数の和の公式というのを使うのだが、その詳細は１３４頁を参照してもらうとして、要は毎年入ってくるお金を金利（割引率）で割るだけでいい。すなわち、１０００円を5％で割った2万円が「正しい株価」だ。

このように、株式の理論価格はたった一度の割り算で導き出せる。

株価＝ＥＰＳ÷金利

株式の価値が将来の利益の分配権であるかぎり、原理的に、株価の決め方はこれ以外にはない。その意味でこの数式は、株式投資の絶対の真理だ。

もちろん、未来の利益（ＥＰＳ）を知るには神の目が必要だし、金利も日々変動している。「こんな机上の空論になんの意味があるのか」と思うひともいるだろうが、馬鹿にするのはまだ早い。「正しい株価」は永遠の謎だとしても、株価が割安か割高かはかなり正確に判断できるからだ。

株価１万円でＥＰＳが１０００円なら、１株あたりの利益率＝益回りは10％になる（益回り＝ＥＰＳ÷株価＝１０００円÷１万円）。益回りというのは預金にとっての利息と同じだから、当然、高ければ高いほど魅力的だ。

１株あたりの益回りは株式投資においてきわめて重要だが、投資の指標としては一般に、益回り（＝ＥＰＳ÷株価）よりその逆数であるＰＥＲ（Price Earning Ratio＝株価÷ＥＰＳ）が使われる。日本語では「株価収益率」という。

ＰＥＲは、一株あたりの純利益（ＥＰＳ）に対して何倍の株価で取引されているかを示したものだ。

株価１万円としてＥＰＳ１０００円ならＰＥＲは10倍（１万円÷１０００円）で、このときの益回りは10％だ。同様に、ＥＰＳが５００円ならＰＥＲは20倍（益回り５％）、ＥＰＳが２０００円ならＰＥＲは５倍（益回り20％）だ。このようにＰＥＲは、低ければ低

図8　日本株と米国株のPER比較

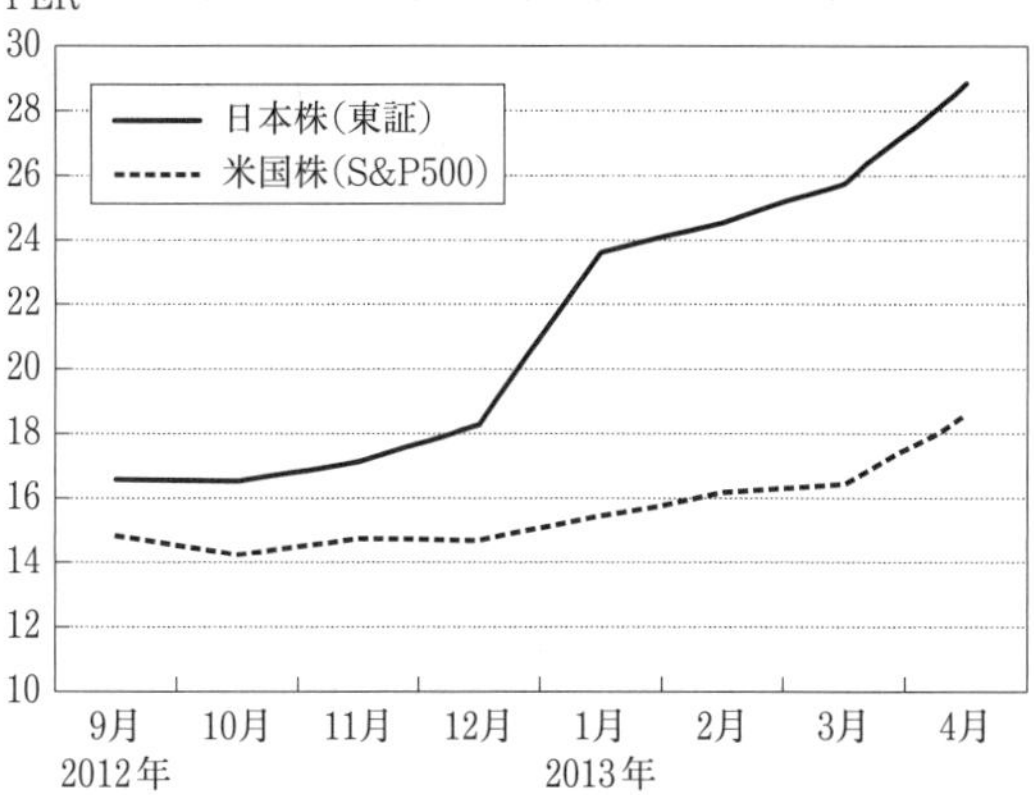

いほど魅力が増す（益回りが高くなる）。

日本株と米国株のＰＥＲを比較する

さて、ここまででようやく準備作業が終わった。

図8は、２０１２年９月から13年４月までの日本株（東証一部上場）と米国株（Ｓ＆Ｐ５００）のＰＥＲ（実績値）の推移を示したものだ。

これを見ればわかるように、民主党政権の末期までは、日本株と米国株のＰＥＲはほぼ同じだった。それがアベノミクス効果で株価が大きく上昇したため、日本株のＰＥＲは28倍まで大きく上昇した（益回りが低下した）。

ところで、世界の投資家がどちらの株も自由に取引できるとすると、誰もがＰＥＲの低い（益回りの高い）株を買い、ＰＥＲの高い（益回りの低い）株を売ろうとするだろう。

合理的な投資家のこうした行動によって、世界じゅうの株の魅力が等しくなることを「市場の裁定」という。理論的には、日本株と米国株の（リスクを勘案した）ＰＥＲ（＝株価÷ＥＰＳ）は同じになるはずなのだ。

米国株のＰＥＲを基準にすると、日本株にはふたつの未来しかない。

①ＥＰＳ（一株あたり純利益）が上昇してＰＥＲが下がる
②株価が下落してＰＥＲが下がる

円安効果による増益を見込んで日本株の予想ＰＥＲは下がってきているが、それはすでに株価に織り込まれている。日銀による異次元の金融緩和（黒田バズーカ）で投資家の期待は過剰に高まっており、ここからさらに株価が上昇していくには市場を驚かす好決算か、さらなる超弩級の〝バズーカ〟が必要になる。

もっとも、ＰＥＲだけで「割高な日本株は下落する」と予言できるわけではない。80年代バブルの時、日本株のＰＥＲは60倍を超えており、海外のヘッジファンドは「理論的にあり得ない」として一斉に日本株を売ったがほとんどは討ち死にしてしまった。もっとも最後には、バブル崩壊で莫大な利益を上げることになるのだが。

金融市場のグローバル化によって、〝長期的には〟損も得もなくなるようにPERは収斂していく。「日本株は特別で、PERが高くて当たり前」というガラパゴス化した理屈はもう通用しない。

株式市場は私たちが思っているよりも効率的で、日本企業の利益が上がらなければ（PERが下がらなければ）市場の裁定は必ずやってくる。それがいつかは「神のみぞ知る」としても――。（『週刊文春』2013年5月30日号）

株式投資のリスクプレミアム

その「いつか」がこの記事の発売日だったわけだが、いま読み返しても株価が割高な理由をちゃんと説明できている（と思う）。

ここで述べたのは、株は預金や債券などと同じ金融商品だということだ。私たちは銀行にお金を預けるとき、できるだけ金利の高いところを探そうとする。ときどき「1年定期特別金利1％」などのキャンペーンをやっているが、こうした名もない銀行にお金を預けることが合理的なのは、1000万円までの預金の元本と利息が日本国によって保証されているからだ。その範囲内ならメガバンクも信用金庫もリスクは同じだから、業績や信用力を気にせず金利だけで預け先を選んでも問題ないのだ（利便性の違いはあるかもしれない）。

銀行預金と株式投資を比較する場合は、もちろん両者のリスクの違いを考えなければならない。国家による元本保証のある預金は無リスク（正確には円の為替リスクがあるがこれについては後述）だが、株は値下がりする心配があるからだ。当然、リスクの分だけリターンが高くなければ株を買う意味はない。これがリスクプレミアム、すなわち「リスクの代償」だ。

株式投資の適正なリスクプレミアムは市場によっても、銘柄によっても異なるが、平均すれば5％程度とされている。ゼロ金利の日本の場合、株式投資の益回りが5％以上（PER20倍以下）なら株価は割安で投資できるし、益回り5％以下（PER20倍以上）なら株価は割高で保有株を売ったほうがいいということになる。2013年5月時点の日本株のPERは28倍だったから、「株価は高値圏」と判断できたのだ。

日本ではなぜ予想ＰＥＲを使うのか？

日本株と海外の株式を比較するときに難しいのは、インフレ率（長期金利）によってＰＥＲが変わることだ。

預金金利はインフレ率に応じて変化する。毎年物価が５％上がるのにゼロ金利のままなら、銀行に預けているあいだにお金の実質価値はどんどん目減りしていく。これでは誰も預金などしないから、インフレの分だけ金利も上げなければならない。

こうして銀行の預金金利が５％になったとして、そのときに株式投資の益回りが５％（ＰＥＲ20倍）のままなら、リターンが同じでリスクだけが大きいのだから、誰も株など買わないだろう。このとき株の益回りは、預金金利の５％にリスクプレミアムの５％を加えて10％（ＰＥＲ10倍）にならなければならないのだ。

株式投資の益回り（割引率）＝インフレ率（長期金利）＋リスクプレミアム

２００８年のリーマンショックの前は日本だけがゼロ金利状態でドルやユーロの金利は高かったから、日本株のＰＥＲが外国株より高い（益回りが低い）のは理論どおりだった。

ところがその後、世界金融危機の影響でドルやユーロもゼロ金利状態になり、円との金利差はほとんどなくなった。そのためここで述べたように、インフレ率（長期金利）の差を考慮せずに、日本株とアメリカ株のＰＥＲを単純に比較して割高・割安を判断することが可能になったのだ（今後ドル金利が上昇するようなら、その分の調整が必要になる）。

ちなみに日本では、株価分析にＰＥＲの実績値ではなく予想ＰＥＲが使われている。予想ＰＥＲは各社の業績見通しに基づいた来期のＰＥＲで、将来の株価を予想するには適しているとされるが、この数字を使うほんとうの理由は株価を割安に見せることにある。業績見通しは努力目標でもあるので、下方修正されることが多い。その結果、ＰＥＲの実績値よりも予想ＰＥＲの方が低く（益回りが高く）なり、投資の勧誘に有利なのだ。

米国市場では予想ＰＥＲはあくまでも参考で、株価水準はＰＥＲの実績値で判断される。ほとんどの専門家が日本株の予想ＰＥＲを米国株と比較しているが、ここでは当然、ＰＥＲの実績値を使わなければならない。

ちなみに２０１４年２月末（株価１万５０００円）の日本株（東証一部大型株）のＰＥＲは24・5倍で、米国株（ＰＥＲ18倍）よりやはり割高になっている。

図9　欧米に比べ、日本企業は低収益率

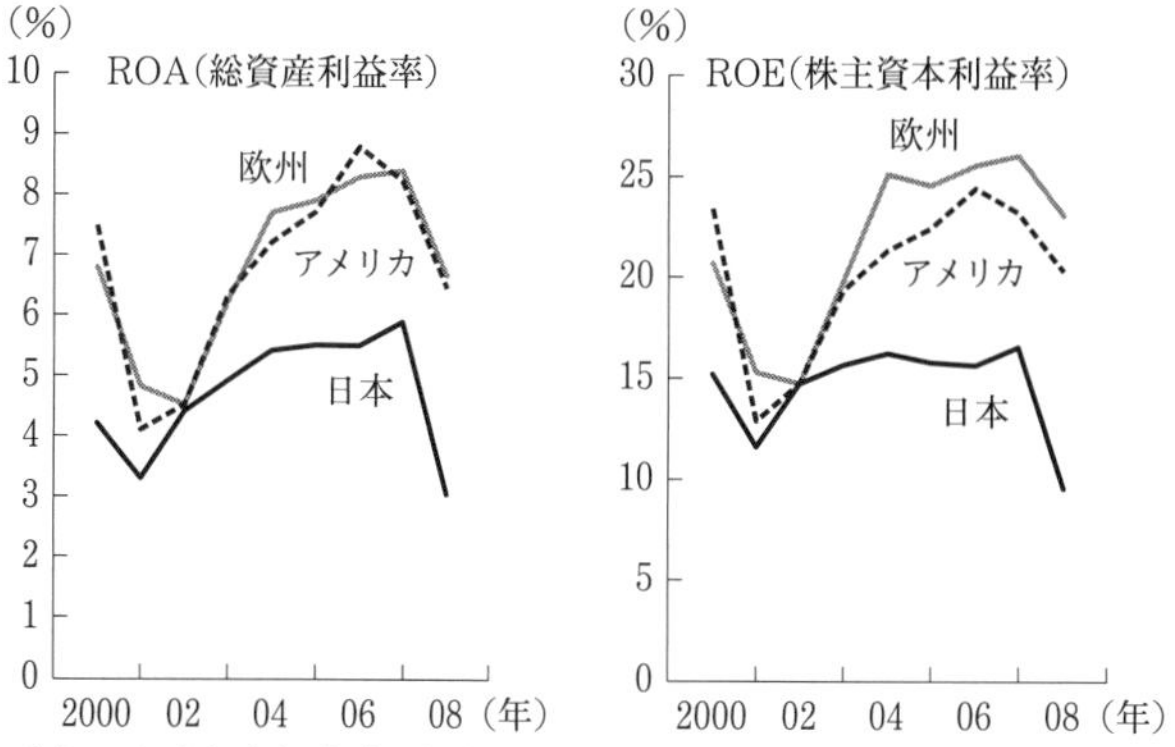

平成22年度年次経済財政報告「需要の創造による成長力の強化」より

ROEは経営者の成績表

ＰＥＲで株式市場を比較するのは金利の高さで預金の良し悪しを判断するのと同じようなものだから、シンプルで強力な方法だ。個別株の短期予想に使うのは難しいが、日本株を海外市場と比較して長期的な動向を予想するには適している。

ＰＥＲは「株価の本質は将来の利益だ」という当たり前の理屈に基づいているが、なぜか日本ではきわめて評判が悪い。「日本株が安いのは日本企業が儲けられないからだ」という批判と見なされるからだろう。

日本企業の出来が悪いというのは私の偏見ではなく、内閣府が平成22年度の年次経済財政報告で指摘された政府の公式見解だ。

図9は日本と欧米企業を比較したものだ。

ROE（株主資本利益率 Return On Equity）は株主資本に対する純利益の比率で、経営者が株主から預かった資本をどれだけ有効に使っているかを示している。株主資本が100億円で、当期純利益が20億円ならROEは20％だ（20億円÷100億円）。ところがこのROEを国際比較すると、欧米企業が20～25％なのに対し、日本企業は10～15％と半分程度しかない。

ファイナンス理論では、会社の経営者は事業に投資するファンドマネージャーのようなもので、株主から預かったお金（資本金）を運用してできるだけ多くの利益を上げるのが仕事だ。そう考えると、資本金の運用利回りを示すROEは経営者の成績表ということになる。だがこれでは、「日本企業のROEが低いのは経営者が無能だからだ」という話になってしまう。

〝ROE至上主義〟に対する批判として、「自社株買いなどで株主資本を減らせばROEはいくらでも高くなる」とよくいわれる。

株主から資金を調達する代わりに債券発行や銀行からの借り入れで負債を膨らませれば、小さな資本で大きな利益を上げ、「経営者の成績表」をかさ上げできる。これは株の信用取引と同じで、株主資本を元手に、借金でレバレッジをかけて投資のパフォーマンスを上げるのだ（レバレッジについては「8　臆病者にとって最適な投資戦略とは」で説明する）。

ところでこの批判が正しいとすると、資本金と負債を合わせた総資産に対する利益率では日本企業は外国企業と遜色ないはずだ。

それを調べるための指標ももちろんあって、これがROA（総資産利益率 Return On Asset）だ。ところがROAの国際比較でも、欧米企業が6～9％なのに対し、日本企業は3～5％とやはり半分程度しかない。

ROEでもROAでも、日本企業は事業への投資に対する効率がものすごく悪い。その理由は儲けが少ないからで、売上高利益率を比較すると、やはり欧米企業の半分しかないのだ。

ウマい話はどこにもない

ここで、A社の株が利回り10％でB社の株が利回り5％だとしよう。両社のリスクが同じだとすれば、合理的な投資家はA社の株を買ってB社の株を売るだろう。これが欧米と日本の株価の関係で、日本政府が自ら認めているように、グローバルな株式投資の基準では日本株は安くて当たり前なのだ。

それではなぜ、政府は日本企業のＲＯＥを世界レベルに引き上げるための大胆な成長戦略をとらないのだろうか。それは、日本の会社の収益率を無理に上げると困ったことになるからだ。

日本の失業率は４％（２０１３年）で、５％を超えると自殺者が急増するなど大きな社会問題になる。それに対して業績悪化による整理解雇が認められているアメリカでは、世界金融危機以降、失業率はずっと９％前後で、その後下がりはじめたものの13年12月時点で６・７％だ（不況に苦しむギリシアやスペインでは失業率は25％に達している）。

収益率を上げるもっとも確実な方法は、不採算部門から撤退し、収益性の高い部門にすべての資本（リソース）を投入することだ。ところが日本では正社員の解雇が事実上不可能なため、不採算部門を閉じると従業員の行き場がなくなってしまう。その結果、市場が縮小しているのに撤退できず、各社がひしめきあって価格の叩き合いが起きる。

収益性が低ければ、当然、事業は赤字になる。これでは会社が存続できないから、あとはコストを削減するしかない。整理解雇ができない以上、残された手段は人件費（賃金）を引き下げることだけだ。

こうして最初はボーナスが削られ、定期昇給がなくなり、社宅などの福利厚生が廃止され、やがては基本給までカットされることになる。日本の会社は、採算割れを覚悟で商品を販売し、サービスを提供することで自分の首を絞めながら、社員の給料を削って「失われた20年」をなんとか生き延びてきた。

これが日本の物価が上がらない理由ならば、問題の本質は中央銀行が日銀券を大量に供給しないことではなく、硬直的で流動性の低い労働市場にある。そう考えると、「黒田バズーカ」がたちまち失速した理由がわかるだろう。円安でかさ上げしただけで、日本企業の収益性の低さはなにも変わっていないのだ。

労働基準法を改正し、アメリカのように金銭支給を対価とした整理解雇ができるようにすれば、日本企業は余剰人員を一斉に吐き出し、不採算部門から撤退するだろう。その結果、過剰供給もなくなり、採算を度外視した価格戦略も不要になる。そうなれば消費者物価は自然と上昇し、給与も増えて消費が拡大し、売上と純利益が増えて株価も上昇するにちがいない。これはまさに、アベノミクスの理想の姿だ。

しかしその代償として、日本の失業率も欧米並みの10％に近づき、自殺者はふたたび3万人を超え、街にはホームレスが溢れるかもしれない。だったら、そんな成長戦略はいらないと思う人も多いだろう。

なにもかもうまくいく、などというウマい話はどこにもない。私たちは常に、なにかを捨ててなにかを選ばなくてはならないのだ。

7 「未来を知ることができない」からこそ有効な投資法

株価が大きく動くたびに、もっともらしい解説が雨後の筍のように現われる。

FRB（米連邦準備制度理事会）が量的金融緩和政策を縮小したことで新興国から資金が引き上げられたとか、シャドーバンキング問題で中国の金利が急騰して海外投資家がリスク回避で株を売っているとか……。

私はこうした説明が間違っているとは思わないが、投資家にとって後講釈はまったく役に立たない。大損したひとは、その理由をどれほど説明されてもすこしも気が晴れないだろう。

私たちは無意識のうちに、すべての出来事に原因があると思っている。とりわけ暴落のような不吉なことが起きると、誰かにその理由を説明してもらわなければ安心できない。こうした需要に応えて、大量の解説が供給されるのだ。

現代のファイナンス理論は、因果論的な株式市場の解釈を〝占い〟として否定することから始まった。だがこれは、「未来のことなんかわからない」という不可知論ではない。1年後の株価を知ることはできないとしても、理論上は、株式市場のおおよその傾向を判断することは可能なのだ。

ビッグウエイブを乗りこなせ！

ファイナンス理論を超簡単に要約すると、**「トレンドとボラティリティがわかれば株式市場の将来は確率的に予測できる」**ということになる。

トレンドというのは、市場が上昇基調にあるか、下落基調にあるか、ということだ。

ボラティリティは市場の変動性のことで、海にたとえるとわかりやすい。

凪の海でサーフィンするのは安全だが、面白くもなんともない。大荒れの海に挑むのは自殺行為だが、誰も体験したことのないビッグウエイブを乗りこなせるかもしれない。ボラティリティは波が荒れるほど高くなり、投資家は大儲けしたり大損したりする。

ここから「上昇トレンドにあるボラティリティの高い株式（市場）に投資すれば儲かる」という〝統計学的に正しい投資法〟が導き出せる。金融業界にはこの法則を信じているひとがたくさんいて、アベノミクスで上昇気流に乗った日本株に殺到した。

しかし、高度な数学を駆使したファイナンス理論にはふたつの有力な批判がある。

ひとつは、「トレンドの転換点は誰にもわからない」というものだ。

日本株がまだ上昇基調にあるなら、株価の下落は投資のチャンスだ。下落基調にトレンドが変わったのなら、未来には大惨事が待っている。

株式市場の専門家であるアナリストの仕事は、このトレンドを読むことだ。ところが困ったことに、さまざまな経済予測の的中率を調べると、専門家の予測は当たったり外れたりで当てずっぽうとすこしも変わらない。

株式市場はロングテール

もうひとつの批判はさらに深刻で、「科学の振りをしているだけで理論が間違っている」というものだ。

ファイナンス理論は、「ボラティリティは正規分布で計測できる」という仮説を前提にしている。

正規分布は自然界ではよく見かける分布で、平均がいちばん多く、そこから外れるにしたがって頻度が下がっていく。この関係を描いたのがベルカーブ（次頁図10）で、学生時代に偏差値分布としてよく目にしたはずだ。

日本人の成人男性の平均身長は170センチ程度で、190センチは珍しく、2メートルを超えるひとはほとんどいない。

同様に株式市場が正規分布に従っているなら、日々の値動きは平均に集中し、極端なことはほとんど起きないはずだ。ところが現実には、世界じゅうの株式市場で暴騰や暴落がしばしば起きている。

ファイナンス理論では、こうした極端な出来事をうまく説明できない。正規分布では、1日のうちに日経平均が1000円も乱高下するようなことは100年に1度しか起こらないのだ。

この矛盾を金融の専門家は、「株式市場はおおむね理論どおりだが、ときどきヘンなことが起きる」と弁解する。だがなぜそうなのかは誰も答えられなかった。

この難問を解決したのが、数学者で経済学者でもあったベノア・マンデルブロだ。

商品市場の価格を調べていたマンデルブロは、統計学的にはあり得ない極端な価格の乱高下がしばしば発生していることに気がついた。マンデルブロがたどり着いた結論は、金

図10　ベルカーブ（正規分布）

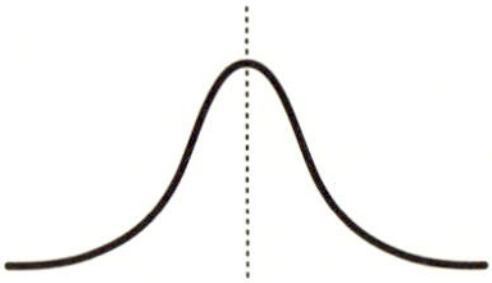

図11　ロングテール（べき乗分布）

融市場には正規分布（図10）とはまったく別の法則が働いている、というものだった。これがべき乗則で、一般には「ロングテール」（図11）として知られている。

首長竜に似たべき乗分布では、ほとんどの出来事は限られた範囲（頭の部分）で起き、そこから外れるにしたがって頻度は下がっていく。頭の部分（ショートヘッド）の出来事はベルカーブによく似ているが、長く伸びた尻尾（ロングテール）があることから、大地震や大雪崩、株式市場の崩壊といった大事件は正規分布よりはるかに頻繁に起こるのだ。

複雑系のスモールワールド

マンデルブロは株式市場を、ひとびとの思惑が相互に緊密に結びついた「複雑系のスモールワールド」だという。

地殻の歪みが臨界状態になると巨大地震が起こるように、投資家の不安が極限まで高まると、わずかなきっかけで売りが売りを呼ぶ負の連鎖（フィードバック）が起きる。

べき乗則が支配する複雑系は、身長1メートルの小人が密集するなかに、身長5メートルや10メートルの巨人がいる奇妙な世界で、株価の暴騰や暴落はなんら不思議なことではない——。

だったらファイナンス理論はベルカーブなど捨てて、ロングテールに乗り換えればいいではないか。誰もがそう考えるだろうが、しかしこのアイデアはうまくいかない。

マンデルブロはもうひとつ、重要な発見をした。

多数の要素同士の関係が錯綜する複雑系の世界は計算の限界を超えていて、確率的にですら未来を予測することは不可能なのだ。

株式市場でしばしば起こる暴騰や暴落は、マンデルブロの正しさを証明している。だがそれでも、現代のファイナンス理論は役立たずのベルカーブを手放すことができない。「わからない」理由を説明する複雑系の理論は、学問的には正しくても現実の金融取引にはまったく使えないからだ。

リーマンショック後に統計的にはあり得ない暴落が連日のように続いたことで、ファイナンス理論をめぐる論争は決着がついた。どれほど〝高度な数学〟を使っても、将来の暴落や暴騰を予測することは原理的にできないのだ。

ファンドマネージャーはエラくない？

金融の世界には、いわれてみれば当たり前だけれど、ほとんど理解されない「真実」がたくさんある。その典型が、ファンドの投資戦略におけるアクティブとパッシブの論争だ。

アクティブファンドは、ファンドマネージャーが自らの才覚で優良銘柄（儲かる株）を選ぶ。パッシブファンドは、なにも考えずに市場平均（インデックス）に投資する。

アクティブファンドとパッシブ（インデックス）ファンドではどちらが有利なのだろうか。じつはこの疑問は、すでに半世紀ちかく前に答が出ている。

学校で、成績優秀な生徒だけを集めて選抜クラスをつくったとしよう。当然、次の試験では学年平均より選抜クラスの平均点の方がずっと高くなるはずだ。

高度なファイナンス理論を自家薬籠中のものとするファンドマネージャーは、知識においても情報においても、有象無象の一般投資家よりはるかに優位にある。いわば、選抜クラスの生徒たちだ。

それに対して株式インデックスは、プロからど素人までを含めた、すべての投資家の平均値だ。そう考えれば、ファンドマネージャーが運用するアクティブファンドの投資成績（選抜クラスの平均点）は、株式市場のインデックス（学年平均）を一貫して上回っているにちがいない。

ファンドのパフォーマンス（投資成績）は公開されているので、この予想が正しいかどうかを調べるのはものすごく簡単だ。そしてこれまで、意地悪な経済学者によって繰り返し検証されてきた。

その結論は、いつも同じだ。アクティブファンドの平均的な投資成績は、常にパッシブファンドを下回っているのだ。

なぜこんな奇妙なことが起こるのだろうか？

成績優秀だと思われる生徒を集めて選抜クラスをつくっても、試験の結果が平均以下なら彼らは優秀でもなんでもない。それと同様に、アクティブファンドの投資成績が市場平均以下なら、エラそうに振る舞っているファンドマネージャーはじつはエラくもなんともなく、ど素人の投資家と変わらない。

天才がバカになり、バカが天才になる

この結論はあまりにも単純明快なので、「不都合な真実」を突きつけられた金融業界のひとたちはみんな困惑した。

意地悪な経済学者は、アクティブファンドの運用成績がなぜ市場平均を下回るのか、その理由も発見した。これもきわめて簡単な話で、凡庸な仕事しかできないくせにファンドマネージャーの給料が高すぎるのだ。

そのコストを賄うために、ファンド会社は投資家から高い信託報酬を徴収している。それに対してインデックスファンドは信託報酬が安いから、その手数料の差だけ、アクティブファンドの平均的な運用成績はパッシブファンドを下回るのだ。

金融業界の賢いひとたちは、もちろんいろいろな言い訳を考えた。たとえば、「平均値ではほんとうのことはわからない」とか。

アクティブファンドといっても千差万別で、なかには市場平均を大きく上回るものもある。彼らにいわせれば、これはファンドマネージャーの素晴らしい手腕の賜物だ。

選抜クラスのなかには、ものすごく優秀な生徒が何人かいる。ところがなぜか選び方が間違っていて、ものすごいバカが混じってしまった。彼らが足を引っ張るから、平均点で

は凡庸なクラスと同じになってしまうのだ。

この主張ははたして正しいのだろうか？　これを調べるのもじつは簡単で、選抜クラスのなかで、試験の成績がよかった生徒（天才）と悪かった生徒（バカ）を分け、次回の結果を比較してみればいい。

残念ながら、結果はやはり金融業界をがっかりさせるものだった。平均より運用成績のよかったファンドは翌年には下落することが多く、平均以下だったファンドは逆に上昇していたのだ。

天才が次の試験でバカになり、バカが天才になるのなら、天才とバカの区別にはなんの意味もない。成績がよかったのはただのまぐれで、長期的には凡庸な実力に戻っていく。これを統計学では、「平均への回帰」という。

専門家は素人にかなわない

「ウォーレン・バフェットを見てみろ。あの素晴らしい投資成績がすべて偶然だというのか」というのも、定番の反論だ。

「オマハの賢人」と呼ばれるバフェットはビル・ゲイツと並ぶ大富豪で、長期投資によって一代で530億ドル（約5兆3000億円）もの資産を築いた。たしかにこれを「まぐれ」のひと言で済ますわけにはいかないが、問題は、〝世界最高の投資家〟であるバフェット自身がアクティブファンドを全否定していることだ。

バフェットがウォール街のエリートを嫌って中西部の田舎町であるオマハ（ネブラスカ州）にこもっていることは有名で、ことあるごとに「ファンドマネージャーに運用を任せるくらいならインデックスファンドに投資した方がずっとマシだ」と公言している（もちろん自分の投資法がいちばんだ）。

バフェットによれば、アクティブファンドに高い手数料を払うのはお金をドブに捨てるのと同じことだ。事実、バフェットの名を借りてアクティブファンドを正当化する金融業界のエリートたちは、誰ひとりバフェットにはなれなかった。

もっとも私はここで金融業界を批判しているのではない。

日本の金融市場にはさまざまな不合理な慣行があり、個人投資家はずっと差別的な扱いを受けてきた。それが1996年の金融ビッグバンで「フリー、フェア、グローバル」を合言葉に金融市場改革が始まり、いまでは欧米の先進諸国と比べても遜色のない効率的な市場がつくられた。大手証券会社が個人投資家を「ゴミ」とか「ドブ」と呼んでいた時代と比べれば、これが素晴らしい進歩であることは間違いない。

だが、ここには大きな逆説がある。

金融市場が不合理で歪んでいたときには、一部の市場参加者だけが儲けるインサイダー取引の余地が残されていた。だが一連の制度改革の結果、金融市場から〝ウマい話〟は消えていった。ファイナンス理論は、市場が完全に効率的なら（長期的には）誰も超過利潤を得られないことを数学的に証明した。金融関係者の官民一体となった努力が実った結果、プロと素人の区別はつかなくなったのだ。

株式市場をまるごと購入する

経済学では、「株価は確率的にしか予想できない」と考える。金融市場が複雑系だとすると、確率的にすら予想できない。原理的に不可能なことを可能にしようとするのは徒労で、儲かる株を探すのは時間のムダだ。投資の勉強をするくらいなら、好きなことをやって人生を楽しんだ方がずっといい――これは私の偏見ではなく、標準的な金融理論をわかりやすく〝翻訳〟するとこうなる。

どの株が上がってどの株が下落するかわからないなら、合理的な投資家には次のふたつの選択肢しかない。

①なにもしない

②銘柄選択をやめて株式市場をまるごと購入する

この選択は、どちらが正しいということはない。バブル崩壊後のデフレ不況では株も不動産も値下がりしたから、もっとも賢いのは全財産を預金しておくことだった。すくなくともこれまでは、この素人くさい投資法はどんな〝金融のプロ〟より優れていたのだ。

だがこれでは話が終わってしまうので、ここではもうひとつの選択肢を検討してみよう。

「株式市場全体に投資する」というと大それたことのようだが、市場平均（インデックス）に連動したファンドを買えばいいだけだ。今はさまざまなインデックスファンドが、近所の証券会社で1万円から買える。

そうはいっても、実はこれはものすごいことだ。すこし前までは、世界の株式市場に分散投資しようと思えば、スイスのプライベートバンクに口座を開いて個別銘柄を買うしかなかった。それと同じことが、いまでは小学生でもできるのだ（一部の証券会社は、親権者の同意を条件に口座開設の年齢を不問にしている)。

このインデックスファンドを株式市場に上場したものがETF（上場投資信託）だ。これは日本やアメリカ、中国などの株価インデックスを個別株と同様に売買できるようにしたもので、いまは当たり前になっているが20年前はこんな投資法は想像すらできなかった。

インデックス投資が普及したことで、いまではアクティブファンドはインデックス投資と競合しないニッチに生き残りの道を求めるしかなくなった。

そのひとつがヘッジファンドで、空売りやレバレッジを駆使することで、マーケットが下落しても儲かる「絶対利益」を目指している（できるかどうかは別問題だ）。

もうひとつは毎月分配型ファンドのような〝キワモノ〟で、一般の投資家には理解できないデリバティブ（金融派生商品）を組み込み、うまそうな話に見せかけて高い手数料をぼったくろうとする。

とはいえ、こうしたファンドが資産運用の主流になれないのは明らかで、アクティブファンドはすっかり輝きを失ってしまった。それにつれて、株式投資は個別株とETFに二極化するようになった。

ETFの本場はニューヨークの株式市場で、銘柄数は１０００本を超える。日本でもネ

表 12　日本の証券市場に上場している主要 ETF

証券コード	名称	概要
1554	上場インデックスファンド世界株式（MSCI ACWI）除く日本	日本株を除く世界市場に投資
1680	上場インデックスファンド海外先進国株式（MSCI-KOKUSAI）	日本株を除く先進国市場に投資
1681	上場インデックスファンド海外新興国株式（MSCI エマージング）	BRICs など新興国市場に投資
1306	TOPIX 連動型上場投資信託	TOPIX に連動した日本株 ETF
1321	日経 225 連動型上場投資信託	日経 225 に連動した日本株 ETF
1547	上場インデックスファンド米国株式（S&P500）	S&P500 に連動した米国株 ETF
1322	上場インデックスファンド中国 A 株 (パンダ)CSI300	中国株（A 株）の主要銘柄に連動した ETF

＊同じインデックスに投資する複数の ETF がある場合は、もっとも売買高の大きなものを選んだ。

ット証券などが米国株を扱っていて、主要ＥＴＦを取引できる。

日本の証券取引所もＥＴＦにちからを入れていて、種類や本数もずいぶん増えてきた。いちいち外貨に両替しなくても、円のまま世界の株式市場に投資できるのがメリットだ。

参考までに、表12に売買高の多いＥＴＦを挙げておこう。

世界株投資のすすめ

ところで、ＥＴＦが１００本もあるならいったいどれを買えばいいのだろうか。商品選択の基準がわからなければ、ＥＴＦ投資は個別株と同じように難しくなってしまう。

ＥＴＦがふつうの株とちがうのは、「階層化」されていることだ。

日本株のＥＴＦは、金融や自動車、電機などの業種別ＥＴＦに分かれている。

日本株以外にも、米国株やヨーロッパ株のＥＴＦがあって、これらを合わせると先進国の株式市場に投資するＥＴＦになる。

それとは別に、ブラジルやロシア、インド、中国（それぞれの頭文字をとってＢＲＩＣｓ）のような新興国（エマージング）に投資するＥＴＦもある。

先進国と新興国のＥＴＦを合わせると、世界の株式市場のコピーができあがる。これが世界株ＥＴＦだ。

現代の投資理論は、こうしたＥＴＦ（インデックス）を上手に組み合わせることが資産運用の要諦だと説く。だがその組み合わせは無限にあって、正解はない。ユーロ危機は収束したのか、中国の不動産バブルはどれほど深刻なのか、誰にもわからないからだ。

だったらどうすればいいのだろうか。

もっともシンプルな戦略は、世界の株式市場をまるごと買うことだ。これなら個々の国の経済がどうなろうと、グローバル経済が全体として成長していけば、確実にその恩恵を受けることができる。

世界株ETFのなかで日本の個人投資家がもっとも購入しやすいのは、東証の「上場インデックスファンド世界株式」（1554）だろう。世界株ETFから日本株を除いたものので、すでに日本株を保有している日本の投資家に最適化したものだ。

120兆円の年金を運用するGPIF（年金積立金管理運用独立行政法人）のポートフォリオは、簡単にいうと、日本国債（円預金）、米国債（ドル預金）、日本株ETF、世界株ETFを組み合わせたものだ。この20年の金融ビジネスの高度化は、個人投資家がきわめて安いコストで、巨大な機関投資家と同じか、あるいはより効率的なポートフォリオをつくることを可能にしたのだ。

ちなみに、世界株ETFのもうひとつのメリットは、米ドル、ユーロ、日本円など世界の通貨を株式市場の時価総額に応じて保有しているため、為替リスクに中立なことだ。為替とは相対的なものなので、円が暴落すれば米ドルやユーロが上昇し、ドルが崩壊すれば他の通貨は上昇する。すべての通貨が一斉に下落する、などということは原理的に起こらないから、主要通貨に分散しておけば為替リスクを恐れることはない（ただし株価が下落すれば損失が生じる)。

東証の「上場インデックスファンド世界株式」は円建てで取引されているが、実際は円以外の世界の主要通貨で投資されているため、円安によって資産価値が毀損することはない(株価は円高で下落し、円安で上昇する)。このあたりのことは、第4章「為替の不思議を理解する」であらためて説明したい。

8　臆病者にとって最適な投資戦略とは

未来が誰にもわからないなら、なぜ株式投資などするのだろう。それは、株式投資は債券や預金よりも長期的には高い利回りを期待できるからだ。

「ほんとうにそうなのか?」と疑問に思うひともいるだろう。これはまさに健全な懐疑主義だ。

ここでは、「市場が長期的には拡大していくのなら、株式が原理的にもっとも有利な投資対象だ」ということを説明してみたい。

だがそのためには、ちょっとした準備がいる。それはレバレッジと複利について理解してもらうことだ。

世の中は借金で動いている

レバレッジは梃子《てこ》のことで、金融用語では借金のことだ。読者の多くは「借金なんか自分には関係ない」と思っているだろうが、これは大きな間違いだ。なぜならこの世の中は借金で動いているのだから。

地球上でもっとも巨額の借金をしているのは、いうまでもなく国家だ。国と地方を合わせた日本国の借金は1000兆円を超えており、それは今後ますます増えていく。

ところで、国家は誰から借金しているのだろうか。

国家は国債という証書を発行して資金調達する。日本の場合、国債の大半は金融機関が保有しているが、その原資は顧客の預金や積立てた保険料だから、国民が金融機関を通じて国にお金を貸していることになる。日本国はそのお金を、社会保障費（年金・健康保険）や公共事業などで国民に再分配しているのだ。

2014年4月から消費税が8％に引き上げられたように、国の借金は最終的には税金によって返済するしかない。そう考えれば、「国家は国民への徴税権を担保に借金をしている」ということになる。

国家に寿命はなく、未来永劫国民から税金を取り立てることができる。国家の大きな借金は将来世代への徴税が前提になっており、これが「現役世代の年金を生まれてもいない将来世代が払っている」といわれる所以だ。

金融市場において、国家の次に大きな借金をしているのが銀行などの金融機関だ。

私たちは銀行にお金を預け、ささやかな利子を受け取っている。こうした預金は、銀行から見れば借金だ。

「日本の政府債務残高はGDPの2倍以上で、財政破綻したギリシアよりヒドい」とよくいわれるが、これは正確ではない。国家が国内銀行の借金の保証人になっているとしたら（世界金融危機を見ればわかるように事実そうなっている）、国と銀行の債務を合計しなければ真の借金の大きさはわからない。アイスランドやキプロスではGDPより銀行の資産規模がはるかに大きく、民間銀行の経営が傾くとたちまち国家破産してしまった。

その銀行は、顧客から集めた預金（すなわち借金）を企業などに貸し出している。企業の経済活動も、その多くを借金に頼っているのだ。

株式会社は、株主から集めた資本金に銀行などからの負債（借金）を加えて、事業に必要なさまざまな資産（土地や建物、機材や原材料）を購入している。企業もまた、借金によってレバレッジをかけて資本金を運用しているのだ。

レバレッジと複利の効果

バランスシートは資金調達と資金の運用をひと目でわかるようにした便利な工夫で、資産運用における複利とレバレッジの効果を理解するのに最適だ。

図 13

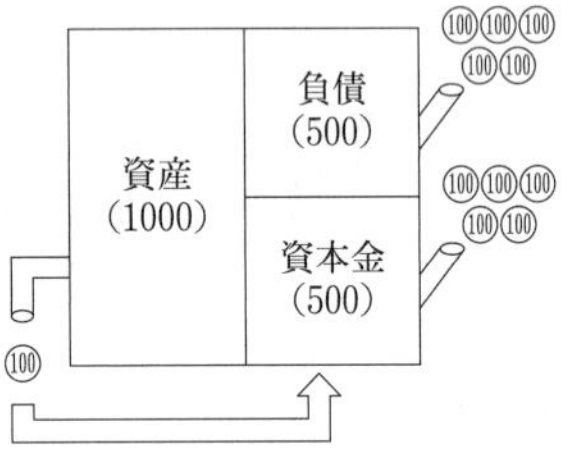

図13は、お金が増えていく不思議な貯金箱だ。

この貯金箱の右側にはお金の入口がふたつ付いていて、下の投入口には自分のお金を、上の投入口には他人から借りたお金を入れることになっている。このとき、自分のお金を「資本金」、他人から借りたお金を「負債」と呼ぶ。

貯金箱に投入されたお金は、混ぜ合わされて左側で運用され、1年に1回、儲かったお金が出口から吐き出される。不思議な貯金箱は集めたお金でいろんなものを購入するが、そのリストが「資産」だ。

レバレッジというのは、資本金と負債の比率のことだ。貯金箱のお金がすべて自分のポケットから出たものならレバレッジは1倍、図13のように資本金と同じ負債があればレバレッジは2倍だ（資本金500に対して500の負債があり、合わせて1000の資産を持っている）。

複利というのは、貯金箱から吐き出されたお金（利益）を、もういちど下の投入口から（剰余金として）貯金箱に戻すことだ。ここでは100の利益（1000の資産を運用したから利回りは10％）を資本金に加えている。

図 14

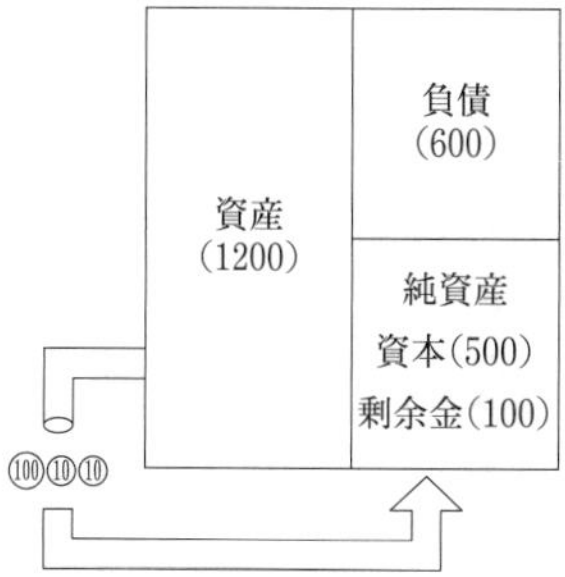

資産の運用利回りが10％とすると、資本金500円だけでは50円の利益しか生まない。ところがここに500円の負債を加えると、利益は100円に増えて、資本金（500円）に対する利回りは20％になる。これがレバレッジだ（実際には負債に対する利払いが発生する）。

図14のように、最近では、資本金に剰余金を加えたものを「純資産」と呼ぶようになった。グロスの資産から負債を引いたネットの資産が純資産だ。

資産－負債＝純資産（資本金＋剰余金）

ここでは資本に2倍のレバレッジをかけて資産を運用した結果、資本金は600円になり、それに合わせて負債も600円に増やしている（レバレッジ率を2倍に維持するわけだ）。すると資産の総額は1200円となり、運用利回りを10％とすれば、翌年の利益は120円になるはずだ。

このような経済活動を繰り返していくと、500円だった資本は600円、720円、864円、1037円と加速度的に増えていき、10年後には3096円と約6倍に、20年後には1万9169円と約38倍になる。これが、複利とレバレッジの効果だ。

株式投資はなぜ有利なのか？

近代国家は国民からの徴税権を担保に国債を発行してお金を集め（紙幣を発行し）、それを公共事業や社会保障費、公務員の給与などさまざまな名目で国民に還元する。法人（法的存在）としての国家はキャバクラに行ったりブランドものを買ったりすることはできないのだから、国家の集めたお金は（平等ではないとしても）最終的にはどこかの個人に帰属するはずだ。

個人が銀行にお金を預けると、それを元にして銀行は貸し出しを行なう（あるいは中央銀行が民間銀行に資金を供給すると、それが貸し出しの原資になって市場に流通する貨幣の量が増える）。このように銀行も、その経済活動によって金融市場のマネーを増殖させる働きをしている。

さらに株式会社も、株主から集めた資本金を、社債の発行や銀行からの借り入れでレバレッジをかけて運用している。**「資本主義」とは、複利とレバレッジによってバランスシートを拡張していく運動**のことなのだ。

ここで、インフレ率と金利、経済成長率がほぼ同じだと過程してみよう。ＧＤＰの伸び率が２％のときに、インフレ率も金利も２％なら実質金利は０％で、銀行に預けたお金の価値は変わらない。

このとき、平均的な株式会社の利益の伸びも経済成長率（市場の拡大のペース）と同じ２％だとしよう。だがこの場合、インフレ率（２％）を調整した株式投資の実質利回りは預金よりもずっと高くなる。なぜなら、株式会社は投資にレバレッジをかけているからだ。

株式会社の平均的なレバレッジ率を4倍（資本金1に対して負債3）とするならば、純利益が2％増加すれば資本金は8％（2％×レバレッジ率4倍）増えることになる。実際には負債に対する金利の支払や利益に対する課税分を差し引かなければならないが、それでもレバレッジの分だけ株式投資の利回りは預金より高くなるはずだ。

このように長期的には市場は拡大し、経済成長率がプラスになると考えるならば、レバレッジ効果のある分だけ株式投資は金利商品（債券や預金）よりも投資収益率が高くなる。逆に経済成長率がマイナスになるとレバレッジ効果の分だけ株価が下落するから、株式投資のリスクは（レバレッジ率1倍の）債券より大きくなる。

実際にアメリカの株式市場（ニューヨーク株価）を長期にわたって分析すると、株式市場のリターンは債券投資よりも高い。このことは、長期の株式投資が原理的にもデータ上も有利なことを示している。「よい株を長く持ちなさい」といわれる所以だ。

しかしこれは、漫然と株式に投資すればいいということではない。

長期投資理論への疑問

図15は、1980年から2013年（7月）までのニューヨーク株価（ダウ工業株30種

図15　ニューヨーク株価

平均）の推移を対数グラフで示したものだ。１９８０年１月に８６０ドルだった株価は、20年後の２０００年１月に１万１２８０ドルと13倍になっている（年率13・７％）。この間、株価は多少の凸凹はあるものの（最大の暴落は１９８７年10月のブラックマンデー）きれいな右肩上がりになっていることがわかるだろう。

現代の投資理論は、この〝黄金の20年間〟につくられたものだ。

株価が長期的には必ず上昇するなら、株はいつ買ってもいいことになる。あまりに安易で驚くかもしれないが、「いつ買うか。今でしょ」というのが、ノーベル経済学賞を受賞した天才たちが考え出した「正しい投資戦略」なのだ。

だが21世紀に入ったあたりから、この必勝法がうまくいかなくなる。

〝黄金の20年〟がそのまま続くなら、ニューヨーク株価は２０１０年に5万ドル、２０２０年には10万ドルになるはずだ。しかしチャートを見れば明らかなように、20世紀末のＩＴバブルから株価はほとんど上がっていない。

ニューヨーク株価は史上最高値を更新したが、それでもようやく1万６０００ドルを超えただけで、99年末から14年間の上昇率は年率２・５％。これなら無リスクの米国債を買っていたほうがずっとマシだった。

バブル崩壊後の「失われた20年」の日本では、資産運用における最大の勝者は全財産を普通預金で持っているひとだった。これはずっと日本が特殊だからだとされていたのだが、アメリカの株式市場の10年間もやはり失われていたのだ――これは私の思い込みではなく、〝債券王〟として知られる著名投資家ビル・グロスは２０１２年8月に「株式投資に死亡記事を書くべき時期が来た」と述べて投資業界に衝撃を与えた。さらにローレンス・サマーズ元米財務長官は２０１３年11月のＩＭＦ（国際通貨基金）の会合で、先進国経済は「長期停滞」に入ったと指摘して経済学者のあいだで論争を引き起こした。

先進国の株価が上がらなくなると、ＢＲＩＣｓ（ブラジル・ロシア・インド・中国）などの新興国株が注目され、金や原油、金属、農産物などの商品市場に投機マネーが流れた。

２０１２年末からはアベノミクスで日本株がもてはやされ、その後、「ユーロ危機は杞憂だった」としてドイツ株が市場最高値を更新した。こうやって右往左往しながらも、なにをやってもうまくいかないという状況がずっと続いているのだ。

「長期投資をすればぜったい儲かる」という牧歌的な時代は終わってしまった。私たちはこの問題をどう考えればいいのだろうか。

暴落こそが投資の最大のチャンス

ここでは、グローバルな株式市場の将来を次の３つのシナリオで考えてみよう。

①21世紀に入ってからの10年は一時的な停滞で、これから株式市場はふたたび力強く上昇しはじめる

②バブルの発生とその崩壊を繰り返しながら、長期的には株価は上がりも下がりもしない（この10年がこれからも続く）

③グローバル資本主義は破綻し、これから株価は下落する一方だ

図16　ドルコスト平均法

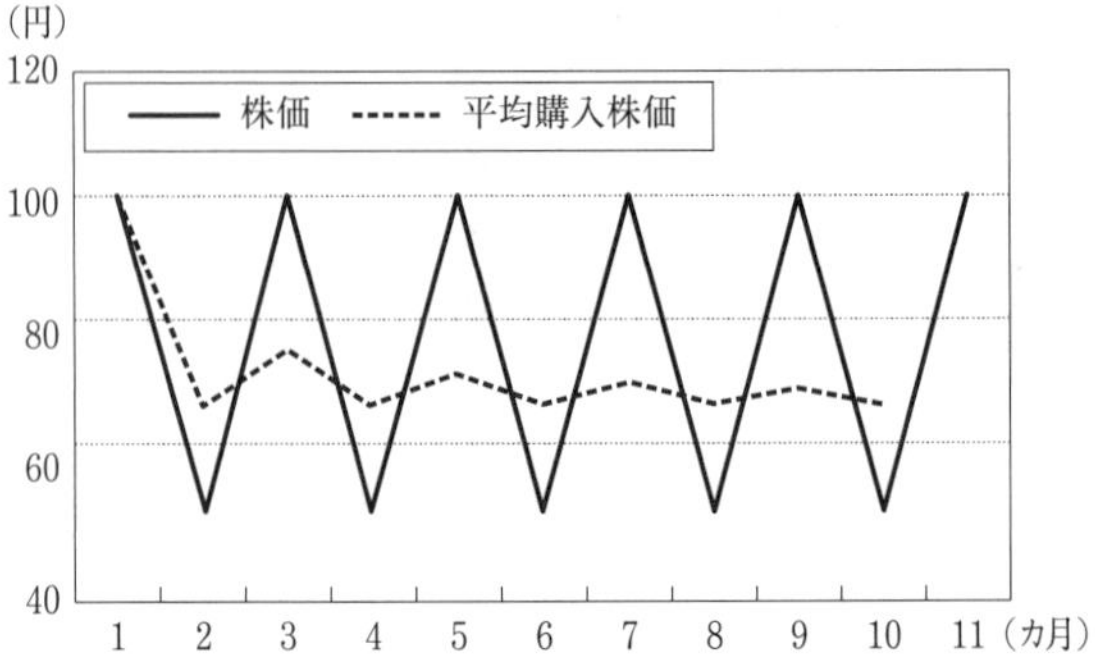

あなたが③の悲観論者なら、未来には暗いことしかないのだから、投資などせず、いまを面白おかしく生きるのがいちばんだ。①の楽観論者なら投資のタイミングなど気にせず、インデックスファンドを買って10年後や20年後を待てばいい。

ここまではものすごくシンプルだが、②の現状維持を予想したひとはどうすればいいだろうか。

株価100円で買った株が50円に下落して、ふたたび100円に戻った。これだと損も得もなく、たんなる時間のムダに思える。だがこのような相場でも、リスクを抑えて利益を獲得する投資手法がある。それがドルコスト平均法だ。

これはもともと、貿易会社などが外貨（ドル）の取得コストを平均化するための手法で、やり方はいたって簡単だ。株価にかかわらず、定期的に（たとえば毎月）一定額のインデックスファンドを購入すればいい。

図16は、１００円で購入した株が10カ月にわたって下落と上昇を繰り返し、けっきょく１００円に戻った相場を簡略化したものだ。このとき毎月１万円をドルコスト平均法で投資すれば、株価１００円で１００株、株価50円で２００株購入することになる。

これを10回繰り返すと、累計で10万円を投資し１５００株を取得する。11カ月目に株価が１００円に戻ったところで15万円で売却すれば、（10万円の投資元本に対する）利回りは50％だ。

このようにドルコスト平均法では、株価の下落によって平均購入価格を引き下げることで、株価が元に戻っただけで利益が出るのだ（もちろん株価が上がればもっと儲かる）。

これは株の世界では「ナンピン買い」と呼ばれ、むかしから「投資の下策」といわれていた。下落する株を買いつづけてけっきょく倒産してしまえば、全財産を失ってしまうからだ。

だが投資対象が株価インデックスなら、こうしたことは起こらない。とりわけ世界株インデックスが紙くずになるのは、この世から資本市場が消滅したときだけだ（そのときは人類も絶滅しているだろう）。

インデックスファンドによるドルコスト平均法では、株価の暴落こそが投資の最大のチャンスになるのだ。

個人はリスク耐性のもっとも低い投資家

リスクに対する許容度のことを〝リスク耐性〟という。リスク耐性は、投資主体によって異なる。これは、損をしたときの打撃の大きさが異なるからだ。

株式会社は、有限責任の株主から集めた資金で事業に投資し、リスクを分散する仕組みだ。多額の損失が生じた場合、株価の下落によって株主の責任が問われるが、出資額が損失の上限になる。それと同時に従業員のボーナスや給与が削られ、それでも借金が返せないと債権者（銀行や社債の保有者）が最終的な損失を引き受けてデフォルト（債務不履行）を宣告される。このようにして損は広く薄く分散されるのだ。

それに対して個人は、損失が直接、人生設計のインフラ（経済的土台）を直撃するからきわめてリスク耐性が低い。とりわけリタイアしたひとは、人的資本を失って労働市場から富を獲得できないのだから、金融資産まで失ってしまえば生活保護を申請するかホームレスになって路上で暮らすしかない。これはとてつもない恐怖だから、個人投資家が〝臆病者〟になるのは当然のことだ。

そのことを確認したうえで、これまでの議論をまとめてみよう。

①株式市場は複雑系のスモールワールドで、誰も未来を知ることはできない。とりわけ、大暴落のような出来事は事前に予測できない

②米国市場の株価は1980年からの20年で10倍以上になったが、このような〝黄金時代〟は（おそらく）終わってしまった

③個人投資家は株式市場の中でもっともリスク耐性が低い。すなわち、〝臆病者〟であるべきだ

この3つを前提とするならば、個人投資家にとってもっとも合理的な投資法がひとつだけ存在することがわかる。それは、**「暴落を待って、株価が回復するまでドルコスト平均法で分散投資すること」**だ。

これはたんなる空理空論ではない。アラン・グリーンスパン元FRB議長が「100年に一度の危機」と呼んだ経済的変動が金融市場を襲ったことで、実際の相場で試してみる

ことが可能になったのだ。

リーマンショックで試してみたら

２００８年９月15日、投資銀行大手のリーマン・ブラザーズが破綻し、責任追及を恐れた米国議会が緊急経済安定化法を否決したことから世界的な株価の暴落が起きた。

世界金融危機の前は、ニューヨーク株価は史上最高値の１万４０００ドル（２００７年10月）まで上昇していた。それが１年後には１万ドルへと30％ちかく下落したのだ。

ここで〝臆病者の投資家〟が、毎月定額のドルコスト平均法で米国株のインデックス（ＥＴＦ）に投資したらどうなっただろう。

株価の下落はその後も続き、２００９年３月には６５００ドルと最高値の半分以下になってしまった。ドルコスト平均法の投資でも、当然、損失が積み上がっていくが、株価が下落すればするほど購入できる株式数は増えていく。

だが３月22日、株価の下落に危機感を募らせたＦＲＢ（ベン・バーナンキ議長）が量的緩和政策（ＱＥ）を総額１・75兆ドルまで拡大すると発表。それをきっかけに株価は反転し、４月に８０００ドル台、９月に９０００ドル台、11月に１万ドル台と急速に回復して

図17　2008年10月から2013年4月まで毎月＄1000をNY株価指数に投資したときの損益

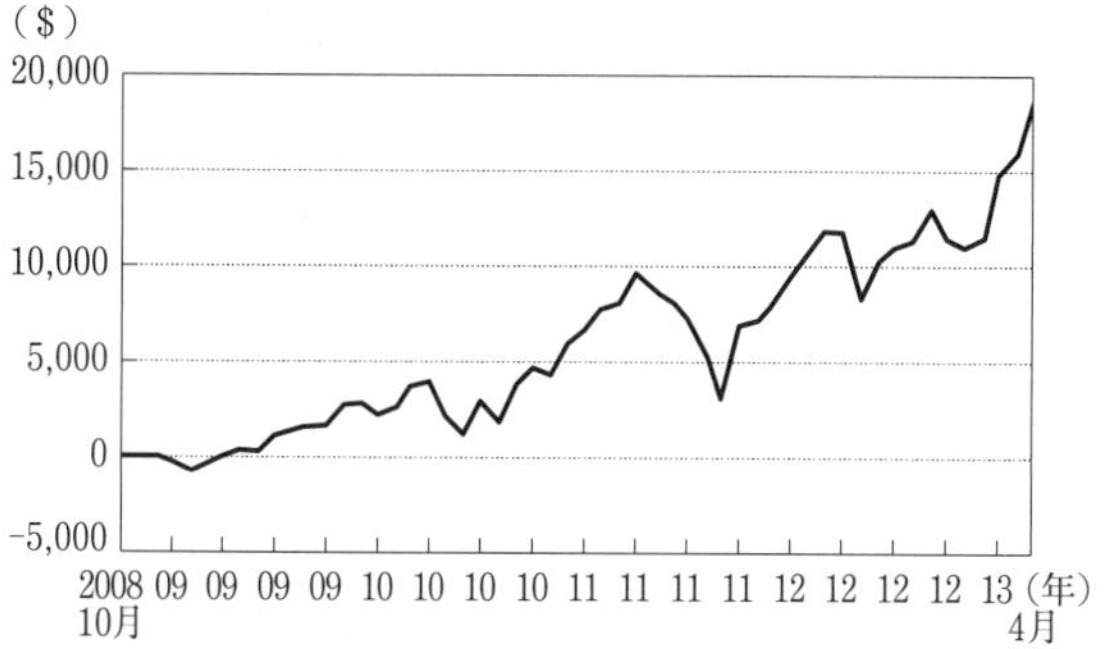

いく。そして13年4月に1万4000ドル台に乗り、史上最高値を更新したのだ。

図17はリーマンショック直後の2008年10月から史上最高値を更新した2013年4月までの4年半、毎月1000ドルをニューヨーク株価指数に投資したときの損益を表わしたものだ。

ここでは細かなデータまでは示さないが、投資開始直後は最大で15％の損失を被るものの7カ月目にはプラスに転じ、最終的には1万8425ドルの利益が上がっている（累積での総投資額5万4000ドルに対し資産は7万2425ドルになった）。利益率は34・12％、年率で8・54％だから、資産運用としてじゅうぶん成功といっていいだろう。煩瑣になるので円建てで米国株に投資するケースまでは試算しないが、リーマンショック直後にドル円相場は急騰して1ドル＝75円台（2011年8月）になり、それがアベノミクスで1ドル＝100円まで下落したのだから、為替差益を含めて投資の利回りはさらに高くなる。

この投資法で唯一誤算があったとしたら、株価の回復が早すぎたことだ。ドルコスト平均法の投資では、株価の低迷が長引けば長引くほど最終的なリターンは大きくなる。

もちろん、こんなものはしょせん後付けの理屈だというひともいるだろう。そこでリーマンショックの直後から、私が「〝100年に一度の危機〟というのは、ドルコスト平均法で世界市場に投資する個人投資家にとっては〝100年に一度の投資機会だ〟」と述べてきた証拠を提示しておこう（投資の世界では誰の予想が正しかったのかを後から検証しないことになっているので、自分で示すしかない）。

「『市場急落はチャンス』海外投資の賢者・橘玲氏がこっそり教える　60歳までに一生困らない資産を築く〝黄金の投資術〟」（『週刊現代』2008年11月8日号）

「『円高』＋『株安』で日本人は〝世界一豊か〟になった⁉『世界の株に丸ごと投資』で10年以内の〝バブル到来〟を待て！」（『マネーポスト』2009年1月号）

「分散投資なら100年に1度の不況にも負けない　ETFの分散投資で世界全体の成長

に乗ろう」（『日経マネー』２００９年12月号）

これらのインタビューで私は、「グローバル市場が長期的には拡大すると考えるなら、円高で株価が下落しているいまこそ世界株に投資するチャンスだ」とこたえている。そのアドバイスを実行したとしたら、今ごろはじゅうぶん満足のいく投資パフォーマンスを達成していたはずだ。それを誰も覚えていないとしたら（覚えていないだろうが）、「資本主義はもう終わりだ」とか、「大恐慌がやってきた！」とかの扇情的な阿鼻叫喚のなかで経済合理的な小さな声に耳を傾けるひとがほとんどいなかったからだろう。

9　なぜ株式投資に失敗するのか？

資産運用の肝は分散投資だと、どの入門書にも書いてある。どんな優良銘柄でも、一銘柄に全財産を投資するのは愚の骨頂だ。

東京電力は配当狙いの安定株の筆頭だったが、福島原発事故で株価は一時、10分の1以下にまで暴落し、汚染水問題で復配の見通しも立たなくなった。

むかしから、「タマゴはひとつのカゴに盛るな」といわれてきた。現代のファイナンス理論は、この諺の正しさを数学的に証明したものだ。こんな当たり前のことにたくさんのノーベル経済学賞が授与されたが、あれやこれやの諺のなかからどれが正しいかを科学的に説明できるというのは実はすごいことなのだ。

知らないものは怖い

株式のポートフォリオ（証券を束ねた紙挟み）をつくるときは、業種や事業規模など、さまざまな指標で分散された銘柄を保有した方が、同じリスクでも得られるリターンが統計的に高くなる。

財務諸表を読み込み銘柄分析をして、1銘柄ずつ買っていくウォーレン・バフェットのような投資法もいいが、素人にはなかなか敷居が高い。そんなときは、デパ地下で惣菜を買うように近所の証券会社で出来合いのインデックスファンドを購入したり、株価指数に連動したETFに投資すればいい。とくにETFは、一般のファンドに比べて圧倒的に保有コストが安いので、これからの投資の主役になるはずだ――。

ここまでは、よほどの変わり者を除いてほとんどのひとが同意するだろう。だが日本では長い間、分散投資は日本株だけに限定されてきた。「ソフトバンクのような値動きの荒い株の比率が高くなったから、鉄道会社や製薬会社などのディフェンシブ銘柄を組み込みましょう」とか。

世界を見渡せば、日本以外にもアメリカやヨーロッパに大きな株式市場があり、中国やインド、ブラジルなど新興国市場も急成長してきた。「タマゴはひとつのカゴに盛るな」という諺が正しければ、こうした国々の株式にも資産を分散したほうがいいはずだ。

「海外の株式への投資は避けるべきだ」とされてきた理由は、主に次の二つだ。

①外国の会社のことはよくわからない（日本の会社ならよく知っている）
②外国株には為替リスクがある（日本株には為替リスクがない）

これはホームバイアス（自国びいき）と呼ばれ世界じゅうで観察されるが、日本ではとくに目立っている。「知らない外国より日本（故郷）が安心」というのはごくふつうの心情だが、それを無意識に資産運用にも当てはめてしまうのだ（だからホームバイアスはものすごく強固だ）。

ところで、投資対象をよく知っていれば資産運用に成功できるというのはほんとうだろうか。

「証券のプロ」の大失敗

1997年、アジア通貨危機に端を発した未曾有の金融危機のなかで山一證券が経営破綻した。このとき山一の証券マンたちは競って自社株に投資し、廃業で職場を失うと同時に自らの金融資産までなくしてしまった。

山一の社員は「証券のプロ」で、そのうえ自分の会社のことは「よく知っている」。だからこそ、「うちの会社がつぶれるはずはない」という愛社精神と、一攫千金を狙う金銭欲で、個人資産のほとんどを自社株に一極集中させたのだ。

山一證券の社員は給与所得を会社に依存していた。その会社が経営危機にあるのだから、分散投資の原則から、金融資産は証券業界とはまったく関係のない、「よく知らない」銘柄に投資すべきだった。だが極限状況では、〝投資のプロ〟ですらこんな当たり前のことができなくなってしまうのだ。

資産運用において、「よく知っている」ことにはほとんど意味がない。ベテランの投資

図18　1990年1月に日本株と米株に1万円を投資したら

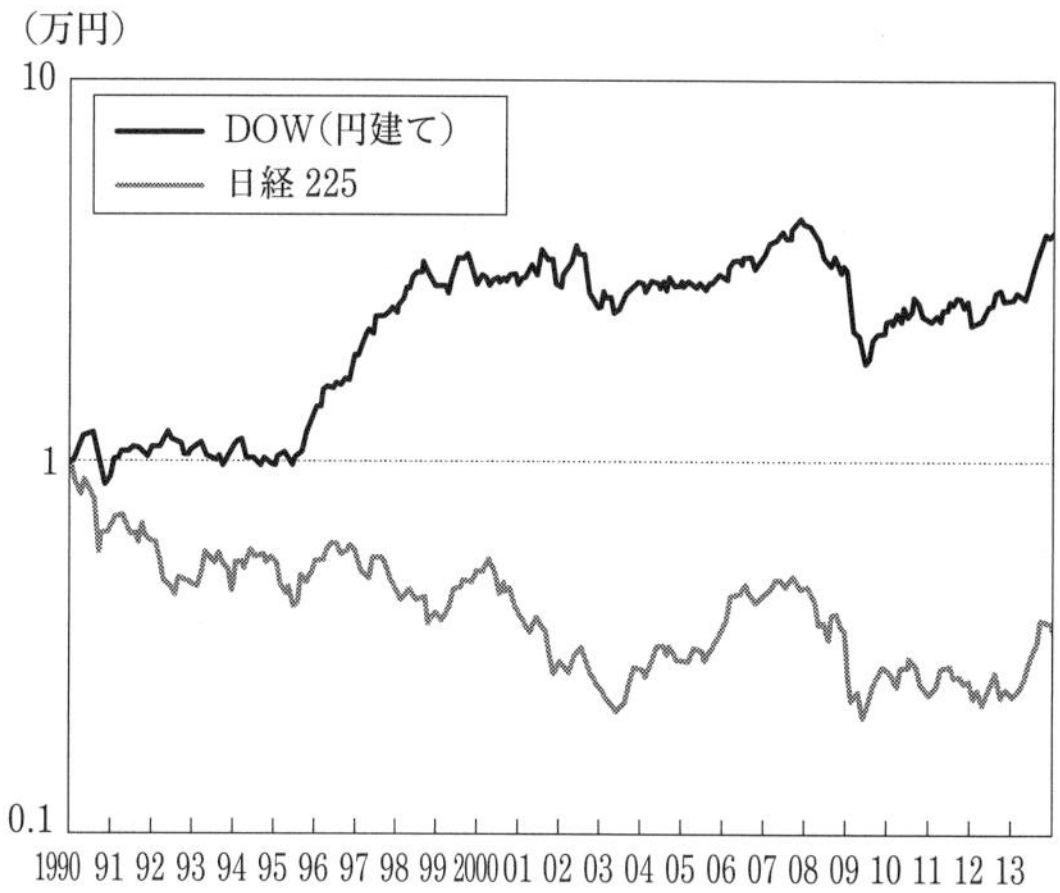

家なら、大きな成功は「よくわからず適当に買った株」からもたらされることを知っているはずだ。

それでは、もうひとつの「為替リスク」についてはどうだろう。

図18は、バブル崩壊が始まった90年1月に、日本株と米株に1万円を投資したらどうなったのかを対数グラフで示したものだ（日本株は日経225、米株はダウ平均株価を円建て換算した）。

これを見るとわかるように、24年前の1万円は、日本株に投資すれば3600円と約3分の1になってしまった（年率マイナス4・4％）。それに対して米国市場に投資した1万円は、為替リスクを含めても3万9800円と4倍になっている（年率6・3％）。

この間、ドル円の為替レートは143円台から98円台まで5割近く上がっているから、海外投資に為替リスクがあるというのは正しい。しかしそれ以上に株価が上昇したから、為替の損失をはるかに上回る利益を投資家にもたらしたのだ。

日本株に投資させたがる理由

「バブル崩壊後もっとも成功した投資家は、資産のすべてを預金していた素人だった」と書いた。投資対象を日本市場に限定すれば、元本保証の預金はほとんどの〝日本株のプロ〟を上回るパフォーマンスを上げたはずだ。

しかしひとたび海外に目を向ければ、低迷する日本市場をよそに大きく成長した株式市場はいくらでもある。その意味で、90年代以降の〝最高の投資〟が為替リスクのある海外投資だったことは間違いない。

ところが日本では、こんな当たり前のこと（グラフを見れば誰でもわかる）を指摘するひとがほとんどいない。ホームバイアスに加えて、日本の政治や証券業界の体質が、投資家に日本株を買わせようとあの手この手で画策しているからだ。

海外の株式を扱っているのは一部のネット証券だけで、ほとんどの証券会社は日本株を取引してもらわないと手数料が入らない。

政治が「経済優先」になるにつれて、どの国でも株価が政権運営の通信簿になった。政府に株式市場を自在に動かすちからがあるはずもなく、日本株の低迷は政治の失敗というより構造的な問題だが、そんな言い訳は誰も聞いてくれないので景気対策を連発して株価を上げようとする。それに加えて日本株の下落は、年金や年金基金の積立不足を拡大させて社会不安を引き起こす。

投資雑誌にしても、名前も聞いたことのない外国の会社をいくら紹介しても読んでもらえない。読者が好むのは、自分や家族が働いていたり、その商品を愛用しているような身近な企業の話なのだ。

日本の株式市場の時価総額は、中国市場（上海＋深圳）にも抜かれ、世界3位に後退した。しかしホームバイアスを増長させるさまざまな要因によって、日本の投資家の多くは、世界の株式市場の6％強しかない日本市場という「カゴ」にタマゴのすべてを盛りつづけているのだ。

損は得より3倍も苦痛

あらゆる失敗には理由がある。無謀な戦争で国土が焼け野原になったのも、投資に失敗して全財産を失うのも、後から歴史（個人史）を冷静に振り返ればどこかで決定的な間違いを犯しているはずだ。

私たちはなぜ投資で失敗するのか。今ではその理由がだいたいわかってきた。

100万円で買った株が150万円に値上がりした。ものすごくラッキーだが、ほとんどのひとはそうは考えない。「あのときの判断はやはり正しかった。俺は賢いから当たり前だけどね」と自画自賛して満足する。

その一方で、株価が下落して50万円損すると、その苦痛は胃が痛くなるほどだ。「1カ月分の給料がマル損だ」とか、「50万円あればヨーロッパ旅行ができたのに」とか、ウジウジと思い悩むことになる。

でもこれは、よく考えるとヘンだ。50万円という金額は同じなのだから、経済合理的な人間なら、得したときのうれしさと損したときの悔しさも同じになるはずだからだ。

だが私たちの感情は、こんなふうにはできていない。

いろいろな実験によると、私たちは得したときの3倍くらいの痛みを損したときに感じている。50万円の損は150万円の儲けと同じなのだ。

ヒトの脳は、「損すること」をものすごく嫌うようにできている。そしてこのことが、資産運用の判断を歪める大きな原因になる。

「損得の非対称性」から、投資家の典型的な行動が説明できる。

①ちょっとでも損をすると慌てて売ってしまう
②損失が大きくなると逆に売れなくなって、塩漬けにする
③さらに損が膨らむと、一発逆転を狙ってハイリスクな取引を好むようになる

この三つを組み合わせると、たいていはロクなことにならない。

損切りが早すぎるのは、そのまま持っていて損失が増えるのがイヤだからだ。大きく下落した株を塩漬けにするのは、売却することで損失が確定するのが不快だからだ。株を売らなければ、株価が上昇する一縷の望みは残っている。

目も当てられないような損失を被ると、こんどは損に無関心になっていく。投資したことを忘れてしまうのはまだいい方で、「なにも失うものはない」と強気になってさらに資

金を注ぎ込んだりもする。撤退の決断ができずに自暴自棄になり、破滅していくのは戦争も投資も同じだ。

私たちはどんなときも、主観的には合理的な判断をしている。でもこれはたんなる後づけの理屈で、そのときどきで心理的にもっとも楽な行動を選んでいるだけなのだ。

38億年の進化から生まれた投資家の行動

株式市場が右肩上がりなら、平均的にはほとんどの投資家がプラスの成績を残せるはずだ。しかし不思議なことに、投資家の損得を調べてみると半分以上が損していたりする。長期で持っていれば儲かったのに短期で売ってしまったり、値動きの大きな株に賭けて、思惑が外れて大損したりしているからだ。

こんなとき株式投資の専門家は、「値上がりした株を長く保有し、値下がりした株は素早く損切りすればいい」という。でもこれはたんなる結果論で、どの株が上がってどれが下落するかあらかじめわかるのなら誰も苦労しない。

この問題の真っ当な回答は、認知の歪みを修正して、損と得を同じように評価することだ。これなら今よりずっと的確に売買タイミングを判断できるだろう。

だがこの方法は、不可能とはいわないまでも、私たち凡人にはきわめて難しい。なぜなら、これは、禅の修行で悟りを開くのと同じくらい困難なことだからだ（高野山の高僧の話を思い出してほしい）。

ヒトが得よりも損を強く意識するのは、長い進化の過程のなかで脳がそのようにつくられているからだ。

生き物にとって生存のための最適な戦略は、なわばりを守ることだ。敵の侵入を防ぎ、いったん手に入れたエサはどんなことがあっても死守する。なわばりを侵されれば、子孫を残せずに滅びていくだけだ。

生命誕生から38億年を生き延びてきた結果、私たちはいまここにいる。そんな私たちは、所有したものを失うことに激しい苦痛を感じるようにできている。ヒトの感情が生まれた石器時代には、損することは生命の危機に直結した。「損したくない」というのは、食欲や性欲などと同様に、人間の本性に根ざした根源的な感情なのだ。

暴落のリスクを確実に避ける方法

私たちは、「損得の不均衡」というこの難問にどう対処すればいいのだろうか。

もっともシンプルな解決策は、「投資しない」ことだ。お金はすべて銀行預金にしておけば、得することもなければ損することもない。得する喜びより損する不快感の方がはるかに大きいのだから、これはきわめて合理的な〝投資戦略〟だ。

ここで、「銀行預金だって円安やインフレで損するリスクがあるじゃないか」というひとがいるかもしれない。これはそのとおりで、名目価値は変わらなくても物価が上昇したり円安が進めば資産の実質価値は目減りしてしまう。個人の資産運用にとってきわめて重要な問題だが、それは「第6章　アベノミクスと日本の未来」で説明する。

もうひとつの方法は、これまで述べてきたように、インデックスファンド（ETFでもいい）を使って市場全体に分散投資することだ。

資本主義というのは、すこしでもゆたかになりたいというひとびとの欲望によって自己増殖するシステムだ。そう考えれば、資源や環境の制約はあるとしても、「長期的にはグローバル市場は拡大していく」というのは合理的な想定だろう。

その一方で私たちはリーマンショックのとき、わずか半年で株式資産の価値が半分以上吹き飛んでしまう現実を目の当たりにした。グローバルな金融市場の拡大とともに、株式市場のボラティリティ（変動率）は明らかに大きくなっている。

このように考えれば、リスク耐性の低い個人投資家にとって大事なのは、暴落に引っかかって資産の大半を失うような事態にならないことだ。暴落のリスクを避けながら株式資産に投資するもっとも確実な方法は、**株式市場が暴落してから分散投資を始める**ことだ。

機関投資家に比べて、個人投資家はリスクに弱いというハンディを負っている。そんな個人投資家にとって最大のアドバンテージ（優位性）は、投資の選択を自分ひとりで決められることだ。どれほど優秀なヘッジファンドのマネージャーでも、1年間どこにも投資しなければクビになってしまう――たとえその判断が正しくても。それに対して個人投資家は、チャンスが来るまで何年でも気長に待つことができる。

もちろんそのあいだに〝安倍バブル〟のような投資機会を逃すことがあるかもしれない。だが世の中の景気がよくなれば給料やボーナスが増え、仕事も安定するのだから、「人生、なにもかもうまくいくなんてことないよ」と達観していればいいのだ。

投資の心理学が教えてくれるのは、短期売買で利益を上げるのはものすごく難しいということだ。私たちは生き物である以上、進化の歴史から自由になることはできない。だったらその煩悩を受け入れたうえで、自分にとって最適な資産運用の戦略を考えるしかないのだ。

【永久債の価格の求め方】

①等比級数の和の公式

初項$=a$、公比$=r$とし、これを無限に足し合わせていくと

$a+ar+ar^2+ar^3+\cdots\cdots$

となる。このときrの絶対値が1以上なら解は無限に発散していくが、rの絶対値が1未満の場合は、足す数が小さくなっていくのだから、ある値に向けて収束すると予想できる。そこでこの値をSとすると、

(1) $S=a+ar+ar^2+ar^3+\cdots\cdots$

次に両辺をr倍すると、

(2) $rS=ar+ar^2+ar^3+ar^4+\cdots\cdots$

ここで (1) 式から (2) 式を引くと、ar同士、ar^2同士などが引き算で消えるため右辺はaしか残らない。すなわち

(3) $S-rS=a$

となる。ここで (3) 式をSについて解くと、

$S(1-r)=a$

(4) $S=\dfrac{a}{1-r}$

となり、(1) 式の無限等比級数の和は$\dfrac{a}{1-r}$と表わせる。

②現在価値

将来価値をFV（Future Value)、現在価値をPV（Present Value）とする。このとき金利（年率）をrとして複利運用すると、現在のお金（PV）のn年後の将来価値（FV）は次の式で求められる。

(5) $FV=PV(1+r)^n$

(5) 式より、n年後の将来のお金（FV）の現在価値（PV）は以下の式で求められる。

(6) $PV=\dfrac{FV}{(1+r)^n}$

③永久債の価格

将来にわたって定額の利子を受け取る永久債の価格Pは各期の現在価値を足し合わせたものだから、(6) 式から次のように表わせる（将来価値FVは定額だから、利払い金額=Cとする)。

(7) $P=\dfrac{C}{1+r}+\dfrac{C}{(1+r)^2}+\dfrac{C}{(1+r)^3}+\cdots\cdots$

これは (1) 式の初項$=a$を$\dfrac{C}{1+r}$、公比$=r$を$\dfrac{1}{1+r}$とした無限等比級数だから、(4) 式からその和は

$$P=\dfrac{\dfrac{C}{1+r}}{1-\dfrac{1}{1+r}}$$

となり、これを解くと

(8) $P=\dfrac{C}{r}$

となって、永久債の価格Pは利払い金額Cを利率rで割ったものと等しくなる。

第4章　為替の不思議を理解する

10　年利13％の定期預金はどうですか？

日本がゼロ金利状態になってから20年近い月日が経とうとしている。銀行にお金を預けても雀の涙のような利息しかつかない。これではますます暮らしが厳しくなるだけだ——。そうお嘆きのあなたに、年利13％の定期預金を紹介しよう。

もちろんこれは詐欺やネズミ講の類ではなく、れっきとした大手銀行の金融商品だ。ただし、預金通貨はベトナムドンだが。

金利とインフレの関係を理解する

2012年3月、ホーチミン市の友人を訪ねたついでにベトコムバンクVietcombankに寄ってみた。何年か前に興味本位で口座を開いたのだが、そのままずっと放置していて、いまでも口座があるのか確認しようと思ったのだ。

窓口の女性の説明では、私の口座はまだ使えるものの、金利のつかない当座預金口座なのだという。「あなたは定期預金にすべきよ」といって彼女が持ってきた金利表を見て、思わず目が点になってしまった。

ベトナムドンの普通預金は金利３％程度だが、１年定期はなんと13％なのだ。

ベトコムバンク（ベトナム外商銀行）は１９８８年に設立された国営の外国為替専門銀行で、２００６年に民営化された後、ホーチミン市場に株式を上場した。ベトナムでも最大手の銀行のひとつだからこの金利表がウソのはずはない。

年利13％というと、仮に１００万円を預ければ１年後は１１３万円、10年後には３００万円、20年後には１０００万円に増えることになる（複利の場合）。世の中にこんなウマい話があるのだろうか。

この謎を解くには、名目金利と実質金利の説明をしなければならない。といっても、これはぜんぜん難しい話ではない。

物価（モノの値段）が上がることをインフレといい、物価が下がることをデフレという。ここではそれを生活コストで考えてみよう。

食費や住居費、趣味の出費なども含め、１年間で５００万円の生活費がかかるとする。インフレはこの生活コストが上がっていくことだから、２％のインフレだと2年目が５１０万円、3年目が５２０万円と、同じ生活をしていても出費はどんどん増えてしまう。

それに対してデフレなら生活コストが下がるから、2％のデフレだと2年目の出費は490万円、3年目は480万円と知らないうちに生活が楽になっていく。

このとき銀行に500万円を金利2％で預けているとしよう。

2％のインフレでは、預金の増え方と生活コストの増え方はまったく同じなので損も得もない。このとき実質金利は0％だ。

一方、デフレなら自然に出費が減っていくのだから2％の預金はものすごく有利だ。1年目では10万円の利息（500万円×2％）がついて預金は510万円になるが、生活コストは490万円に下がっているのだから、差し引きの利益は20万円。このとき、実質金利は4％（20万円÷500万円）になる。

デフレというのは、ようするにマイナスのインフレのことだ。そうすると、預金金利（名目金利）と実質金利の関係は次のようなものすごく簡単な式で表わせる。

実質金利＝名目金利－インフレ率

名目金利（預金金利）が2％でインフレ率が2％だと実質金利は0％。それに対してインフレ率がマイナス2％なら、実質金利は4％になる（2％－（－2％））。

金利がほんとうに高いのか（低いのか）は、たんに預金金利だけではわからず、実質金利で考えてみなくてはならないのだ。

ベトナムドン預金は実質年利20％

ベトナム経済はここ数年物価の高騰に悩まされていて、2010年のインフレ率は18・68％、11年は12・61％だった。実質金利は名目金利からインフレ率を引いたものだから、13％の定期預金の実質金利はマイナス5・68％（10年）〜0・39％（11年）ということになる。生活コストがものすごい勢いで上がっていくベトナムのひとたちにとっては、〝高金利預金〟にお金を預けても損するだけだったのだ。

ところが最近になってこの高インフレがすこし収まってきた。これが実質金利を上昇させ、銀行預金の魅力が増してきた理由だ。こうして、窓口の女の子が定期預金を勧めるようになったのだ。

ところで、ベトナムがいくらインフレになっても、デフレの国の日本には関係ない。日本人にとっては年利13％はとてつもない高金利だ。だったら、遠い日本からベトナムドン預金をするのは得なのだろうか？

　そうともいえないのは、外貨預金の場合、為替の変動によって損益が変わるからだ。ベトナムドンの価値は、２００２年１月の１円＝１２０ドンから２０１２年５月現在の１円＝２５８ドンまで、10年間でほぼ半分になっている。仮にこの期間を年利13％で運用したとしても、為替差損を含めた円ベースの実質利回りは年利４・５％にしかならない。

　銀行が倒産するなどして預けたお金が返ってこなくなることを「信用リスク」という。新興国の聞いたこともない銀行に大切なお金を預けるのは、日本の銀行で円預金をするより信用リスクが高いので、そのぶん金利が高くないと預金する意味がない。

　もし金利13％で、なおかつ為替リスクがないのなら、大金を持ってベトナムに行く価値はある。だが為替リスクを調整した実質金利が４・５％と聞くと、ほとんどのひとは二の足を踏むのではないだろうか。ベトナムまで行く手間や費用を考えれば、これではぜんぜん割に合わないのだ。

　その一方でベトナムのインフレが収まれば、理論上は為替レートは上昇する。そうなればベトナムドン預金の実質金利は高くなり、日本人にとっての魅力は大いに増すことになる。

事実、ベトナムドンの対円レートは13年に下げ止まり、現在（2014年4月）は最安値から2割ほど上昇している。これによって円建ての（為替差益を勘案した）ベトナムドン預金の実質金利は年20％を超えたことになる。ベトコムバンクの女の子が定期預金を勧めてくれたのは、結果的には最高のタイミングだった。

ベトナムドンの高金利預金は、リスクとリターンがはっきりしているだけ、どんな運用をしているのかわからない毎月分配型の投資信託よりもシンプルでスマートだ。ベトコムバンクの口座開設はベトナム国内の本支店の窓口で可能。外為専門銀行だけあって、ホーチミンの本店はほぼ全員が英語を話す。興味のある方は自己責任でどうぞ。

年利7・75％の米ドル預金

年利13％のベトナムドン高金利預金につづいて、次は年利7・75％の米ドル建て5年定期預金を紹介しよう。

金融の知識がすこしでもあるひとなら、「そんなの詐欺に決まっている」と即座にいうだろう。アメリカ本土の銀行ですら5年定期の金利は1％強なのだ。

しかしこれは、れっきとした大手銀行が提示している米ドル定期預金の金利だ。ただし、場所はカンボジアだが。

年利13％というベトナムの高金利預金に驚いたあと、プノンペンの銀行に行ってさらに驚いた。カンボジアの大手銀行のひとつアシレダ銀行ACLEDA Bankでは、通常の1年もの米ドル定期預金でも金利5％だった。長期の定期預金はさらに高金利で、60カ月（5年）以上の米ドル定期の金利はなんと年利7・75％なのだ（これはプノンペンにある日系の銀行でもほぼ同じだ）。なぜこんな不思議なことが起きるのだろう。

ベトナム、ラオス、カンボジアのインドシナ3国は、10年ほど前まではドル経済で、現地通貨はほとんど価値がなかった。この状態から最初に抜け出したのはベトナムで、送金規制が撤廃されて外国人投資家によるベトナム株投資が本格化する2004年頃には、外国人向けの高級店を除いてどこでもベトナムドンが使えるようになっていた。

ベトナムにつづいてラオスも現地通貨のキープを決済通貨にすべく経済政策を変え、外国人向けの店でも価格表示はすべてキープ建てで、ドル払いの場合は店員が電卓で金額を計算するようになった。ところがなぜかカンボジアはいつまでたってもドル経済のままで、トゥクトゥク（三輪タクシー）の運転手もドル札しか受け取らない。

そんなカンボジアが21世紀に入って経済成長を始めた。最初はアンコールワットのあるシェムリアップで外資系リゾートホテルの建設ブームが起こり、それが首都プノンペンに波及して不動産価格が大きく上昇した。

中国の人件費上昇で東南アジアが製造業の拠点として注目されるようになると、プノンペンでは不動産開発会社が多額の資金を調達してオフィスビルやマンションを建設しはじめた。さらには経済成長にともなって中産階級が誕生し、彼らが銀行でローンを組んで車やバイク、マイホームを購入するようになった。こうした融資の多くが、ドル建てで行なわれているのだ。

カンボジアでは、ドル建ての融資金利は現地通貨であるリエルに連動している。当然、ドルの調達金利（銀行の預金金利）もリエルとほぼ同じになる。ドル建てのローン金利が年10〜15％なら、年利7・75％で資金調達してもじゅうぶん元がとれる。カンボジアでは、ドルの金利はグローバルな為替市場で決まるのではなく国内事情に左右されるのだ。

もちろん理屈のうえでは、このような明らかな市場の歪みは裁定取引によってただちに解消されるはずだ。ヘッジファンドがアメリカ国内で低利のドルを調達し、それをカンボジアで運用すれば、為替リスクなしで莫大な利益を手にすることができるだろう。

だがカンボジアはソブリンリスク（国家の信用リスク）が高く、大手銀行といえども格付すらない。機関投資家はもちろんヘッジファンドの投資基準も満たさず、結果としてガラパゴス化した市場でドルが流通することになる。こうして、常識を超えた高金利が維持されているのだ。

このように、「年利7・75％の米ドル定期預金」にはちゃんとした理由がある。あとはそれぞれの投資家がリスクをどう判断するかだ。

高金利ドル預金はひそかなブーム

私がカンボジアの高金利ドル預金を紹介したのは2012年5月で、その後、週刊誌から何件も問い合わせがあった。その当時は「日本国の借金がとめどもなく膨らんでこのままでは国家破産するのではないか」といわれていて、国内の円資産を海外に避難させる「資産フライト」が流行りのテーマだった。そこで、海外での資産運用の一環としてカンボジアの〝高金利ドル預金〟を紹介したい、というのが問い合わせの趣旨だ。

そのたびに私は、「カンボジアの銀行にお金を預けるのは〝資産運用〟ではない」と説明しなければならなかった。投機（ギャンブル）とまではいわないが、いざとなればカンボジアまで行って窓口で現金を引き出し、米ドルや日本円に両替して資金回収できるひとがやることだ。一般週刊誌の主要読者であるリタイアした高齢者に「国家破産対策」として勧め、彼らが大挙してカンボジアに押しかけるようなことになっても責任はとれない。

いまではカンボジアの高金利ドル預金はひそかなブームになっているようで、プノンペンの日系金融機関には口座開設に訪れる日本人旅行者があとを絶たないという（パスポートと運転免許証だけで口座開設できる）。米ドル建てなので新興国の現地通貨のような為替リスクはなく、大手銀行や日系金融機関なら信用リスクもさほど大きくはない。将来的にカンボジアの金融政策が変わって、ドル預金が強制的にリエルに両替されて償還されるような事態は考えられるが、それを想定の範囲内とするなら面白い外貨預金だろう。もちろん、すべて自己責任で行なうことはいうまでもない。

11　外貨預金に為替リスクはない

ここでは、「外貨預金に為替リスクはない」という話をしたい。

ここで「デタラメばかりいうな！」と怒り出すひとがいるかもしれない。日本円と米ドルの為替レートは日々変動しており、ドル預金をしているひとは円安で為替差益、円高で為替差損が生じる。こんなことは外貨投資の初歩の初歩で、そんなことも知らないのかといわれそうだが、まずは私の話に耳を傾けてほしい。

インフレ率の低い通貨は上昇する

「円の為替レートは2008年のリーマンショックで1ドル＝100円を切るまで高騰し、東日本大震災後の11年夏には1ドル＝75円台の〝超円高〟が日本経済を襲った。アベノミクスがそれを円安に正常化し、製造業の利益が回復して株価が上昇した」

今では常識となっている説明だが、はたしてこれは正しいのだろうか。

次のような単純な例で考えてみよう。

1ドル＝100円として、日本で100万円の自動車がアメリカで1万ドルで売られていたとする。アメリカのインフレ率が年率5％で、それがそのまま自動車価格に反映したとすると、5年後の自動車の値段は約1万3000ドルになる。このとき為替レートが1ドル＝100円のままなら、円建ての価格は130万円だ。

中学生でもわかる簡単な計算だが、この話、どこかおかしくないだろうか？

5年前は、この自動車は日本でもアメリカでも100万円相当で売られていた。ところが日米のインフレ率に差があることによって、いまでは日本で１００万円のものがアメリカで１３０万円もする（日本のインフレ率は変わらないとする）。

自動車メーカーは、日本で製造した自動車をアメリカで売るだけで労せずして30％もの超過利潤が得られる。こんなことがいつまでも続くなら、いずれトヨタやホンダは無限の富を手にすることになるだろう。これは錬金術以外のなにものでもない。

しかし現実には、このような富の独占は起こらない。インフレ率の差を為替レートが調整するからだ。

為替というのは神秘的なものではなく、異なる通貨で取引されているモノの値段を同じにするためのたんなる道具だ。日本とアメリカで同じモノが違う価格で売られていたなら、安く買って高く売ることで儲けようとする商人が現われる。彼らが行なう貿易によって、いずれは同じモノは同じ値段になっていくはずだ。こうした市場の調整機能を「裁定」という。

日本で１００万円、アメリカで１万３０００ドルのモノを同じ値段にするにはどうすればいいだろうか。これはとても簡単で、為替レートが１ドル＝77円に切り上がることで、１万３０００ドルは１００万円になって損も得もなくなる。

このとき、1ドル＝77円は名目では「超円高」に見えるが、実質では1ドル＝100円の時となにも変わっていない。

円の上昇をなにかの陰謀のようにいうひとがいるが、これまでずっと円高が続いてきたのはアメリカのインフレ率が日本より高かったからだ。この世に錬金術が存在しないとすれば、**「インフレ率の低い（デフレの）通貨は必ず上昇する」**のだ。

「超円高」なんてなかった

「そんなのはただの理屈だ」というひとは、図19を見ていただきたい。これは日銀が発表している実質実効為替レートを、1980年1月を1として、ドル／円の名目レートと比較したものだ（いずれも数値が高くなるほど円高）。実質実効レートは、インフレ率や貿易額などから算出した「円の実力」だ。

ドル／円の為替レートは1985年のプラザ合意で大きく上昇した後、2000年までは実質レートとほぼ同じ動きをしている。その後、名目レートが上昇しても実質レートが上がらなくなるが、これは日本経済がデフレに陥り、海外とのインフレ率の差が大きくなって、円高で実質レートを調整するようになったからだ。

図19　円の名目レートと実質レート

このグラフの実質実効レートでは、「戦後最長の好景気」といわれた02年から07年までが歴史的な円安で、それがリーマンショック後の〝超円高〟によって調整されたことが一目瞭然だ。

アベノミクスは実質レートを再び〝超円安〟にして、現在の相場は1ドル＝120円だった6年前とほぼ同じになった。「さらに円安が進む」と予想する専門家は多いが、そうなると円の実質レートは1ドル＝240円だったプラザ合意前の水準に戻ってしまう。

名目レートに比べて実質レートが大きく変動しないのは、**市場の裁定によって為替レートがモノの値段を同じにしているから**だ。これが「購買力平価説」で、日銀の統計データはその正しさを証明している。もちろん日銀は今が〝超円安〟だとは口が裂けても言わないだろうが、これは政治的配慮というものだ。

長期的には高金利の通貨は安くなる

なにごとも相手の立場になって考えるのは人間関係の基本だ。自分中心にしかものごとを見られない〝ジコチュー〟ほど嫌われ者はいない。

こんなことは当たり前だと思うのだが、金融の世界にはジコチューが跋扈している。そればかりか、この鼻持ちならない考え方が当然のこととされている。

世界的な金融緩和の流れの中で、いまではドルやユーロも日本と同じゼロ金利状態になってしまったが、新興国通貨のなかには高金利のものも多い。銀行や証券会社で「年利5％の外貨預金はどうですか」と案内されたひともいるだろう。

利息がたくさんもらえるのはものすごく魅力的だ。金利が高い通貨はみんなが買いたがるから為替は高くなる——経済紙誌では当然のようにこう説明されている。しかしこれは、ほんとうなのだろうか。

ここでは簡略化のため、為替レートを1ドル＝100円、日本円がゼロ金利で米ドル金利が5％としよう。実際に2006年半ばから07年まではそうだったし、現在でもブラジルレアル、トルコリラ、南アフリカランドなどは円との間で5％以上の金利差がある。

日本円で10万円を預けても、雀の涙のような利息しかつかない。それに対して米ドルで1000ドル（10万円相当）を外貨預金すると、1年後には50ドル（1000ドル×5％）の利息がもらえる。どちらが有利なのかは考えるまでもないから、（低金利の国の）日本人は争って（高金利の国の）ドルを買うだろう。日本円が売られて米ドルが買われるのだから、当然、為替レートは円安ドル高になる――この説明には、「1＋1＝2」と同じような圧倒的な説得力がある。

そこでこの話を、相手の立場になって考えてみよう。

為替取引というのは異なる通貨の交換で、手元にある10万円を1000ドルに両替するには、10万円を受け取る代わりに手元にある1000ドルを譲ってくれるひとを探さなければならない（為替市場はこの取引を大規模かつ効率的に行なうところだ）。取引相手は国籍を問わないが、米ドルをたくさん持っているのはたいていはアメリカ人だろう。

取引をもちかけられたアメリカ人は、1000ドルをそのまま銀行に預ければ1年後に50ドルの利息を受け取れるが、10万円に両替するとそれがゼロになってしまう。

だが、彼らにとっての問題はそれだけではない。

金融の世界の〝正しい〟理屈によれば、高金利の通貨は高くなる。そこで仮に、1年後に1ドル＝105円のドル高（円安）になっているとしよう。ここで10万円を米ドルに戻すと、952ドルにしかならない（10万円÷105円）。そのままドル預金にしておけば1年後には（利息を加えて）1050ドルになっていたはずだから、米ドルを円と両替したことで100ドルちかく損してしまうことになる。

「高金利通貨は高くなる」のが真実だとすると、次のような不思議なことが起こる。

①低金利通貨を高金利通貨に両替したひとは、（金利差と為替差益で）「一粒で二度おいしい」グリコのように儲かる

②高金利通貨を低金利通貨に両替したひとは、（金利差と為替差損で）往復ビンタのように損をする

それではなぜ、アメリカ人はこんなことをするのか。ここから導き出される結論は、ひとつしかない。

「アメリカ人はバカだ」

相手の立場を慮《おもんぱか》れないジコチューは、自分がこうした差別をしていることにまったく

気がつかないのだ。

この問題を正しく考えるにはどうすればいいのだろうか。それは、相手（アメリカ人）にも合理的な理由があって為替取引をしているのだと思いやることだ。

とはいえ、日本円と米ドルの金利差は確定しているのだから、手元にある米ドルを日本円に両替すれば利息が受け取れなくなることは間違いない。合理的なひとはわざわざ損するようなことはしないから、取引が成立するにはそれを補うなにかがあるはずだ。

為替取引の損益を決める要因は、金利差と為替レートしかない。だとすれば合理的なアメリカ人は、ドルが安くなって（円が高くなって）金利差を上回る為替差益が得られると考えたときにしか取引に応じないだろう。

このように、自分も相手も合理的であれば、**「長期的には高金利の通貨は安くなる」**——これが「金利平衡説」だ。

「夢のようなファンド」の凋落

もちろん、この説明に納得できないひとも多いだろう。〝一流〟といわれる経済紙誌にも、「金利を上げれば通貨は高くなる」と書いてあるからだ。もちろん短期的には、高金

図20　グローバル・ソブリンの基準価額と分配金込み基準価額（課税前）の推移

利に引かれてお金が集まり通貨が上昇するということはじゅうぶんあり得る。だが長期的にはどうだろうか。

そこで、図20を見ていただこう。これは「国民的ファンド」と呼ばれたグローバル・ソブリン（グロソブ）の設定（１９９７年12月）から現在までの、基準価額と分配金込み基準価額（課税前）の推移を示したものだ。

米国債など格付けの高い高金利の外国債券で運用されるこのファンドの人気の秘密は、日本と海外の金利差を利用して収益を「毎月分配」したことだ。分配後に残るのは元本部分だけだから、基準価額は為替レートで決まると考えていいだろう（元本を取り崩して分配することもあるが、それについてはここでは触れない）。

これを見ると一目瞭然だが、グロソブの基準価額は設定から16年弱で、1万円から5200円まで大きく下落しほぼ半分になってしまった（年率マイナス4％）。これは円高の為替差損によるもので、〝常識〟とは逆に、「高金利の通貨が安くなる（低金利の通貨が高くなる）」ことを示している。

もっとも基準価額の推移には段階があり、2001〜07年の6年間は8000円前後でずっと安定していた。これで年率5％ちかい分配金が口座に振り込まれてくるのだから、年金と預金だけが頼りの高齢者が「夢のようなファンド」だと誤解したのも無理はない。この時期、グロソブの純資産総額は5兆円を超え、「伝道師」によって島民の多くがこのファンドを購入する「グロソブの島」まで現われた。

だがチャートを見れば明らかなように、「伝道」が頂点に達したこの時がまさにグロソブの売り時だった。08年のリーマンショックとその後の〝超円高〟で基準価額は4割ちかく暴落し、これまでの儲けをほとんど失ってしまったからだ。

だがこれは、「グロソブを買うと損をした」という話ではない。分配金を含めれば、設定時の1万円は1万3000円まで増えている。

とはいえこれを年率に直せば約1・7％で、為替リスクのない日本国債を買っていても結果はまったく同じだった。リスクをとって利益は変わらないのだから、グロソブへの投資は「骨折り損のくたびれ儲け」ということになる。

ちなみに、『臆病者のための株入門』（2006年4月刊）のなかで私は、毎月分配型ファンドを「金融リテラシーのない投資家からぼったくるための商品」と批判している。これを読んで購入を思いとどまったひとや、保有しているファンドを売却したひとも（多少は）いるだろう。読者に対して的確な時期に的確なアドバイスができたことは喜ばしいかぎりだ。

金融市場の見えざる手

購買力平価説によれば、インフレ率と為替の関係は次のようになる。

●インフレなら通貨は下落する
●デフレなら通貨は上昇する

金利平衡説では、金利と為替の関係は次のようになる。

●金利の高い通貨は下落する
●金利の低い通貨は上昇する

そう考えれば、デフレで低金利の円は上昇するほかはなかった。90年代に日銀が低金利政策を実施してからの円高になにひとつ不思議なことはなく、まさに理論どおりだ。

標準的な経済学では、長期的には購買力平価説や金利平衡説が成り立つものの、中期的には金利を上げると通貨は上昇すると考える（マンデル＝フレミングモデル）。このことは、為替市場における中期的な価格の動き（高金利の通貨は上昇する）と長期的な価格の動き（高金利の通貨は下落する）のねじれを示唆している。これがおそらく、主要通貨の間で金利差が開くと為替市場が乱高下する理由だろう。

ブラジルやインド、トルコなどの新興国はいま、インフレ率を抑えるために金利を上げると通貨が下落し、通貨の下落を防ぐために金利を上げるとインフレ率が上昇するという矛盾を抱え金融政策に四苦八苦している。インフレ率・金利・為替レートの関係を直感的に理解するのはきわめて困難なのだ。

だがこれは不可知論ではない。インフレ率が低いのに通貨が下落したり、金利が高いのに通貨が上昇したりすると、インフレ率の低い国から高い国にモノを輸出したり、高金利の通貨に投資することが錬金術になってしまう。金融の世界では一時的には錬金術は起こりうるものの、〝見えざる手〟によって長期的には損も得もない状態に落ち着くのだ。

為替リスクを恐れるな

金利平衡説によってすべての通貨の実質金利が(長期的には)同じになるのなら、高金利の預金も低金利の預金も最終的にはたいした違いはない。するとここから、**「外貨投資に為替リスクはない」**という論理的な帰結が導き出せる。

円を米ドルに替えて外貨預金し、為替レートが円高になると為替差損を被る。これが為替リスクだが、金利平衡説ではこの為替差損は金利差によって補塡されることになるからだ(グロソブの話を思い出してほしい)。

もちろんこれは理論的な話で、外貨に両替するタイミングによっては損をすることも得をすることもあるだろう。だが長期で外貨を保有していれば、金融市場の裁定によって、いずれは損も得も一定の範囲内に収まることになるはずだ。

戦後の日本は膨大な貿易黒字で米国債を購入してきた。その間、１ドル＝３６０円から一方的に円高が進行したため、「日本は損をしながらアメリカの財政赤字を支えている。これはアメリカの陰謀に違いない」との説がまことしやかに唱えられた。

しかし実際は、貿易黒字で米国債を買ったのは他に適当な投資先がなかったからだ（いまから考えると、米国債の代わりに米国株を買っておけば素晴らしい投資になっただろう）。外債投資の損益は財務省が公開しているが、それによれば円高にもかかわらず外為特会（外国為替資金特別会計）の収支はちゃんとプラスになっている。

この投資利益は民主党政権誕生直後に〝埋蔵金〟と騒がれたが、リーマンショック後の〝超円高〟でほとんどなくなってしまった。これもまた、「外貨投資に為替リスクはない」という定理の証明になる。リスクがなければリターンもないはずだからだ。

外貨投資に（長期的には）為替リスクがないのなら、為替差損を避けるために日本株や日本国債に投資対象を限定する根拠はない。そう考えれば、１９９０年代以降、収益モデルを見失ってしまった日本企業を見捨て、市場のグローバル化にいち早く適応した米国企業に投資対象を移した投資家が成功した理由がわかるだろう。賢明な投資家は、円建てや外貨建てなど通貨の種類にはこだわらず、国境を越えて最適な金融商品に投資したのだ。

12 FXでふつうのオバサンが億万長者になった理由

2007年、東京都に住む59歳の主婦がFX取引で3年間に4億円を超える利益を得て、約1億4000万円を脱税していたことが発覚した。同年7月には、兵庫県の市役所に勤めていた33歳の女性が両親とともにFX取引で7億円超の利益をあげ、約2億5000万円を脱税したと報じられた。「素人が投資で何億円も儲けていた」というこの衝撃的なニュースを覚えているひとも多いだろう。なぜこんな不思議なことが起きるのだろうか。

ブードゥー経済学

「市場原理」が正しくはたらいていれば、高金利の通貨は安くなり、低金利の通貨は高くなる。

高金利はインフレ率の高い経済で、低金利はインフレ率の低い（デフレの）経済だ。だからこれは、「インフレ率が高いと通貨は安くなり、インフレ率が低いと通貨は高くなる」

ということでもある。

日本経済はずっと低金利でデフレなのだから、円の為替レートが高くなるのは当たり前だった。1ドル＝70円台が〝超円高〟と騒がれたが、金利差やインフレ率から考えれば不思議なことはなにもない。どちらかというと異常なのはアベノミクスが生み出した1ドル＝100円の為替相場で、インフレ率を調整した実質為替レートでみれば、いまは「歴史的な円安水準」といっていい。

これは金融理論の常識だと思うのだが、残念なことにこんな単純なことですら正しく理解しているひとはものすごく少ない。ほとんどのひとは為替レートが国力で決まると勘違いしているのだ。

「好景気で強い経済だと通貨が上がり、不況で弱い経済は通貨が下落する」というのはたしかにわかりやすいが、そうなるとバブル崩壊後の「失われた20年」で円高になった理由が説明できない。そのため、「円高は日本経済を破壊しようとするアメリカの陰謀だ」というトンデモ説が巷間に広く流布することになった。

経済には、直感的に正しい理屈がじつは間違っている、ということがたくさんある。これをアフリカ由来の呪術信仰になぞらえて「ブードゥー経済学」と呼ぶが、為替レートについての誤解はその典型だ。

為替取引はゼロサムゲーム

さて前振りはここまでとして、素人億万長者を生んだＦＸに話を戻そう。

ＦＸというのは、レバレッジをかけて米ドルやユーロなどの外貨を売買することだが、ここでは詳しい仕組みを理解する必要はない。為替相場は上がるか下がるかしかないのだから、そこだけを見ればコイン投げや丁半ばくちと同じだ。

こうしたゲームの特徴は「ゼロサム」にある。「ＳＵＭ」というのは合計のことで、ゼロサムゲームでは勝ちと負けを合計すると必ずゼロになる。

すべての日本人が賭け金１００円で参加する「全国じゃんけん大会」が開催されたとしよう。赤ん坊から老人まで１億２０００万人がじゃんけんに挑み、１回戦で勝った６０００万人が２００円を獲得する。２回戦に勝つのは３０００万人で賞金は４００円だ。

この単純なゼロサムゲームを続けていくと、21回目で１１４人が１億円を超える賞金を手にすることになる（厳密には途中で参加者の人数が奇数になるので調整が必要）。最後まで勝ち残れば、賭け金の総額である１２０億円（１００円×１億２０００万人）を独り占めできる。

トーナメントでは誰かが最後まで勝ち上がるので、「１００円の元手が１２０億円になる」という信じられない話が必ず実現する。

ＦＸはトーナメントではないが、予想を当てるひとと外すひとのゼロサムゲームであることに変わりはない。参加者の数がじゅうぶんに多ければ、連続して予想を当てるひとも出てくるだろう。だとしたら、何回幸運が続けば億万長者になれるのだろうか？

過去のデータを見ると、米ドルの為替相場は1カ月で最大５％程度変動する（正確には99・７％の確率で変動幅が５％以内に収まる）。１ドル＝１００円として、最大で1カ月後に１０５円になったり（円安）95円になったり（円高）すると考えればいい。

ここでは簡略化のために１ドル＝１００円として、１万ドル（１００万円）をＦＸに投資すると1カ月後に５万円（５％）の利益をあげられる可能性があるとしよう。このゲームでどうすれば1億円の利益を手にできるだろうか。

ＦＸに1年間賭け続け、12回連続で予想を当てたら、獲得する賞金総額は60万円（５万円×12）だ（単利）。２回目は賞金を含めた１０５万円を賭けるようにすると（複利）、12回目の賞金総額は１７１万円あまりになる。

単利よりはマシだが、複利でも儲けは71万円。投資の元金が100万円であることを考えれば素晴らしい成果だが1億円は夢物語だ。そこで次は、投資にレバレッジをかけてみよう。

平凡な主婦を億万長者にするには

理科が苦手なひとでも、「我に支点を与えよ。されば地球をも動かさん」というアルキメデスの言葉は知っているだろう。梃子（レバレッジ）の原理を使えば、わずかな力で重いものを動かせるというたとえだ。

梃子の原理では、棒が長ければ長いほど重いものを持ち上げることができる。資産運用では、レバレッジ率（借金の割合）が高ければ高いほど利益は大きくなる。「我にレバレッジを与えよ。さればこの世のすべての富を手に入れん」というわけだ。

このようにレバレッジは、ターボチャージャーのように資産運用のパフォーマンスを加速する。だったら、レバレッジは高ければ高いほどいいのだろうか。じつはそう簡単な話ではない。この高速マシンはときどき逆回転するからだ。

10倍のレバレッジでは、利益も損失も10倍に増える。これが、レバレッジをかけた資産運用が「ハイリスク・ハイリターン」といわれる理由だ。

ＦＸのレバレッジは現在、25倍までに規制されているが、〝ＦＸ長者〟で沸いた２００７年にはレバレッジ率１００倍がふつうだった。１００万円を元金に１億円（１００万円×レバレッジ率１００倍）分の外貨を取引するのだ。

もちろんこれはきわめてハイリスクだから、現実的にレバレッジ率10倍（投資額１０００万円）のＦＸを考えてみよう。

投資にレバレッジ率をかけると利益も損失も拡大する。元本が10倍になるのだから、複利で１７１万円だった賞金総額はレバレッジの効果で１７１０万円に増える。最初の投資額は１０００万円なので、12回連続で予想を当てるという幸運で元金は17倍になったことになる。

もっとも、これでもまだ目標には届かない。夢の１億円を稼ぐには、ほかにどんな方法があるのだろうか。

ひとつは賭け金を増やすことだ。最初の賭け金を１２００万円にすれば、条件が同じでも、１年後の利益は１億円を超える（もちろんその分、予想が外れたときの損失は大きくなる）。

2つ目は幸運がさらに続くこと。賭け金100万円のままでも、予想を4年間(48回)当て続ければ利益は1億円になる。

3つ目は相場が大きく動くときに予想を当てること。円ドルの為替市場でも暴落や暴騰で10%くらい相場が動くことはある。これなら26回の予想的中で1億円を手にできる。

そして最後は、レバレッジ率を上げること。レバレッジ50倍なら2年(24回)、レバレッジ100倍なら1年4カ月(16回)で賞金は1億円を突破する。

実際にはこの4つの組み合わせで、ごくふつうの主婦が億万長者になるという〝奇跡〟が成立する。

「全日本じゃんけん大会」で100人以上が1億円を手にしたように、FXというレバレッジ率の高いギャンブルに素人が殺到すると、確率的には億万長者が出ない方が不思議なのだ。

勘違いが奇跡を生んだ

ここまで読んで、「そんな恐ろしいことはとてもできない」と思ったひとがほとんどにちがいない。これは当然で、レバレッジのターボ効果はマイナスにも働くから、為替レートがほんのわずか予想と逆に動いただけで全財産が吹き飛んでしまう。

だがある条件が揃うと、素人でも（あるいは素人だからこそ）このハイリスクなギャンブルに手を出すようになる。それが、日本とアメリカの金利差だ。

素人のFX長者が続出した2007年は、日米の金利差が最大で5％まで開いていた。

このとき、「金利は高ければ高いほどいい」と考えているオバサンがいたとしよう（もちろんオジサンでもいいが、FXで大儲けしたのはなぜか女性だ）。このオバサンは当然、手持ちの100万円全額を金利5％の米ドル預金にするはずだ。1ドル＝100円なら1万ドルの外貨預金で1年後には500ドルの利息がつく（1万ドル×5％）。

このオバサンが、なにかの拍子にFXのことを知ったとしよう。

10倍のレバレッジをかければ手持ちの100万円は（10倍の）1000万円に増えて、10万ドルの米ドル預金ができる（1000万円÷100円）。当然、利息も10倍になって、1年後には5000ドルになるはずだ（10万ドル×5％）。為替レートが同じなら、100万円の元手で1年間に50万円の利息が受け取れる（5000ドル×100円）。こんなウマい話は世の中にめったにないだろう。

そう考えたオバサンがレバレッジ率を100倍に増やしたとすると、1年間の利息は5

表21　日本円と外貨の金利差と2005–06年の為替上昇率（円安）

	日本円	米ドル	ユーロ	ポンド	豪ドル	ニュージーランドドル
政策金利（05年末）	0.10%	4.25%	2.25%	4.50%	5.50%	7.25%
政策金利（06年末）	0.40%	5.25%	3.25%	5.00%	6.25%	7.25%
05–06年の為替上昇率（円安）	—	14.2%	14.06%	18.60%	17.76%	14.17%

万ドル（500万円）で、働かずに遊んで暮らせるようになる。このように金利差が大きく開くと、レバレッジをかけた外貨投資がものすごく魅力的になるのだ。

もちろん最初に述べたように、「高金利の通貨は長期的には下落する」のだから、金利差で得た利益は為替の損失で相殺されるはずだ。だが市場はひとびとの欲望の集積なので、常に合理的に動くとはかぎらない。

表21を見ればわかるように、2005年から06年にかけて日本円と外貨の金利差は最大で7％も開いていた。だが本来であれば円高にならなければならないこのときに、円のレートは大きく円安に振れている。この〝超常現象〟が、「レバレッジをかけて高金利の外貨を買えば得だ」と思い込んだオバサンを大金持ちにした。〝オバサンの勘違い〟と〝市場の勘違い〟が合体したとき、奇跡が生まれたのだ。

もっとも、07年の世界金融危機のあと円は75円台まで4

割近くも高騰したから、FXで高金利の外貨を買っていた投資家はみんな大損した。レバレッジをかけるとそれだけ損失も膨らむので、元本まで吹き飛んで破産したひともいたはずだ。

その後は米ドルもユーロもゼロ金利状態で、素人が勘違いする余地はなくなってしまった。アベノミクスの円安でオバサンが億万長者になり損ねたのは、ブードゥー経済学の呪力が弱かったからだ。

もっともこれは、為替市場に対する正しい理解が広まった、ということではない。同じ条件が揃えば、ふたたび高金利を求める熱狂が始まるはずだ。

投資はギャンブルの一種で、合理的な投資家が常に勝者になるとは限らず、勘違いが大きな成功を生むこともある。だが最後には、不合理な投資家は淘汰され消えていく（たぶん）。

金融市場というのは、ようするにそういうところなのだ。

第5章　「マイホーム」という不動産投資

13 「マイホームと賃貸、どちらが得か」に決着をつける

不動産営業マンの定番のセールストークに、「賃貸より買ったほうがぜったい得ですよ」がある。

賃貸で払ったお金はすべて大家の懐に入る。それに対して住宅ローンを返済し終えれば、土地やマンションは自分のものだ。おまけにいまは超低金利だから、賃料よりもローンの返済額の方がずっと安い——。

この理屈は直感的にわかりやすく、反論の余地はなさそうだ。

しかしこれまでなんども繰り返したように、「直感的に正しそうな話こそがもっとも疑わしい」というのが資産運用の基本だ。

まず、賃貸と所有でどちらかがぜったいに得だ、などということは市場経済ではあり得ない。

商店街を歩いてみればわかるように、ほとんどの企業は土地や建物を借りてビジネスしている。企業の目的は利潤の最大化なのだから、賃貸より所有がぜったいに得ならば、彼

らは不動産を購入して商売を始めるだろう。実際、バブル期にはそんな会社も多かったが、ダイエーもそごうもみんなつぶれてしまった。

「商売は景気次第だがマイホームは一生ものだ」と思うひともいるかもしれない。だが人間の寿命には限りがあるし、築30年もたてば上物の資産価値はなくなる。それに対して法人には寿命がなく、企業が工場を建てるときには（これもいまはほとんどが賃貸だ）長期の事業継続を前提にしているはずだ。「マイホームは所有が得で、ビジネスは賃貸が得だ」というのは、どちらも同じ不動産取引である以上、論理が完全に破綻している。

リスクは誰が負っているのか？

市場がじゅうぶんに効率的ならば、マイホームと賃貸のどちらを選んでも損も得もないように不動産価格と賃料が決まるはずだ。

もちろん市場は常に効率的とは限らないが、利に聡い企業の多くが賃貸を選んでいるということは、いまの日本では賃貸の方が得になることを示唆している——信じられないだろうが。

マイホームの購入というのは不動産投資以外のなにものでもない。投資である以上、地価が上昇すれば得をするし、下落すれば損をする。このことをふだんあまり気にしないのは、売却のときにしかマイホームを時価評価する機会がないからだ。

賃貸と所有のいちばんのちがいは投資リスクの所在にある。

不動産を借りているだけなら、地価が暴落しても、隣に暴力団やカルト宗教団体が引っ越してきても、津波で家が流されたり地盤が液状化しても、なんの問題もない。不都合があれば賃貸契約を解除して出て行けばいいだけだからだ。

それに対して不動産を所有していると、こうしたリスクのすべてに自己責任を負わなければならない。その代償として、地価が上昇したときにその果実を手にすることができるのだ。

このように考えれば、リスク耐性の高い企業やファンドが不動産を保有し、リスク耐性の低い個人はそれを賃借した方が経済的に合理的だ、ということになる。

東日本大震災の惨状を見ればわかるように、個人にとって不動産資産を失う経済的リスクはとてつもなく大きい。それに対して法人やファンドははるかにリスク耐性があるのだから、本来であれば、津波の危険がある地域の住宅はすべて不動産会社かＲＥＩＴ（上場不動産投資信託）に保有させ、それを賃借して暮らすようにしておけばよかった。

これなら被災者は別の物件に引っ越せばいいだけだから、すぐに新しい生活が始められる。法人やファンドは損失を被るが、経済的な負担は株主や出資者に分散されるのだから社会に与える影響もはるかに軽微だろう。

しかし誰もがこのように経済合理的に考えると、不動産開発会社はすべてのリスクを自分で負わなければならなくなる。それよりマンションや建売住宅を個人に転売し、ノーリスクで儲けたほうがずっといい商売になる。こうしてあの手この手で、「マイホームの夢を叶えましょう」というキャンペーンが展開されることになるのだ。

マイホームが得な理由は借金にある

「賃貸よりマイホームの方が得だ」という〝神話〟は、なぜこれほどまで強固なのだろうか。これについても明快に説明できるが、若干の手順を踏まなければならない。

177頁の図22は家計のバランスシート（貸借対照表）で、ここでは給料やボーナスなどを貯めたお金（自己資金）1000万円を銀行に預金している。このひとが月額家賃5万円（年60万円）のワンルームマンションに住んでいるとしよう。

自己資金は自由に使えるお金だから、左側の資産は株式や債券、外貨預金などどんなものにも交換可能で、購入した資産によってリスクとリターンが変わる――ここまでは誰でもわかるだろう。

それではこのひとが、1000万円でいま住んでいるワンルームマンションを買ったらどうだろうか。この〝マイホーム化〟によって資産は不動産に換わり、月額5万円の家賃がタダになる。だがこれを「ぜったい得だ」と考えるひとは多くないだろう。

「中古のワンルームマンションの資産価値なんて10年もすれば大きく値下がりしてしまうのだから、貯金を取り崩してそんなものを買っても仕方がない」――もしそう思うのなら、「賃貸よりマイホームが得だ」とはいえなくなる。

資産運用理論では、あらゆる資産をリスクとリターンという同一の物差しで評価する。たとえばここで、マイホームを買うかわりに年6％の配当のある株式を1000万円で購入したとしよう。1年間に受け取る配当は60万円（月額5万円）で、やはり賃料は実質タダになる。

このように（賃料がいらなくなるという）マイホームと同じ効果は、他の資産でも実現可能だ。あとは不動産投資と株式（債券、外貨）投資のどちらが儲かるかという話だが、これは結果論でしか語れない。

図22　レバレッジのないバランスシート

資産	資本
預金 1000万円	自己資金 1000万円

↑
資産は株式・債券・外貨預金・不動産などに交換できる

図23　レバレッジをかけたバランスシート

資産	負債
マイホーム 5000万円	住宅ローン 4000万円
	資本
	自己資金 1000万円

↑
借金の分だけ投資収益が増え、より広い家に住めるようになるが、リスクもそれだけ大きくなる

ここまで読んで、「マイホームの有利さはそんなことじゃない」と反論するひともいるだろう。不動産の営業マンは、「マイホームならいまの家賃と同じ額でずっと広い家に住めますよ」と甘く囁くからだ。これはどういうことだろうか。

図23は、先ほどと同じひとが１０００万円を頭金にして４０００万円の住宅ローンを組み、５０００万円のマンションを購入したときのバランスシートだ。賃料で計算すれば、このマンションは（１０００万円のマンションが月額５万円なのだから）月額25万円に相当する。

これを変動金利０・８％の35年ローンで借りると毎月の返済額は10万円強。夏冬のボーナスで35万円ずつ返済できれば月額5万円の支払でもいい計算だ。これで月額家賃25万円相当の豪華マンションに住めるのだから、たしかに「マイホームは得だ」といえそうだ。

だが、この話はほんとうだろうか？

トリックの種明かしはバランスシートにある。図22と図23を見比べてみればわかるように、住宅ローンを組むと借金の分だけ資産（不動産）が大きく膨らむのだ。

ここで同じように、4000万円を借金して年6％の配当のある株式を購入したと考えてみよう。ここから得られる年間の配当総額は300万円で、月にならせば25万円だ。これをマンションの賃料に充てれば同じ暮らしが実現できる。

このことから、「賃貸よりマイホームが得だ」という〝常識〟は、「借金をして投資した方が得だ」という話を言い換えただけだとわかる。なぜこんな詭弁を使うかというと、「借金は得ですよ」では売り文句にならないからだ。

個人にとって、何千万円もの借金ができる機会はマイホームの購入時しかない。だがレバレッジをかけた投資は、地価が下落するとその分だけ損失が大きくなるから、これが得かどうかは神のみぞ知るだ。

借金のリスクを巧妙に隠すことで、「賃貸は損、マイホームは得」という神話は誕生したのだ。

レバレッジをかけた不動産投資

借金の最大の魅力は、タイムマシンの夢を実現したことにある。年200万円貯金しても4000万円を貯めるのに20年かかるが、狭い借家暮らしで子育てをし、子どもが成人してから広い家を買ってもなんの意味もない。借金は20年後の4000万円を現在にタイムスリップさせ、この問題（ミスマッチ）を見事に解決してくれる。住宅ローンの金利とは、タイムマシンの乗車賃のことだ。

借金（レバレッジ）は、資産運用におけるターボチャージャーでもある。うまくいけば、元金を何倍ものスピードで増やしてくれる。

次頁の図24は先ほどの不動産価格が4割上昇して、時価7000万円になったときのバランスシートだ。これを見るとわかるように、資産が増えても借金（住宅ローン）の額は変わらず、その代わりに純資産が増えて、最初の1000万円が3000万円になってい る。地価（資産価格）は4割しか上がっていないのに、頭金（投資元本）は3倍になったのだ。

レバレッジでは、元本に対する（借金を加えた）総投資額の比率を倍率で表わす。頭金

図24　不動産価格が4割上がったバランスシート

資産	負債
7000万円	4000万円 住宅ローン
	資本(純資産)
	3000万円 頭金1000万円 利益2000万円

資産が増えても負債の額は変わらないので純資産が増える

図25　不動産価格が4割下がったバランスシート

資産	負債
3000万円	4000万円 住宅ローン
資本(純資産)	
マイナス 1000万円	

資産が減っても負債の額は変わらないので、純資産が減って債務超過になる

1000万円で5000万円の投資をしたなら、レバレッジ率は5倍だ。

レバレッジをかけた投資では、この倍率の分だけ利回りが高くなる。地価が4割上がり、住宅ローンで5倍のレバレッジをかけているのだから（40%×5＝200%）、頭金の1000万円から2000万円の投資収益が生まれ、純資産は3000万円に増えるのだ。

しかし問題は、資産価格が下落した場合にこのターボチャージャーが逆回転することにある。

図25は不動産価格が4割下がって時価3000万円になったときのバランスシートだ。資産が増減しても借金の額は変わらないので、この場合は純資産が減るしかない。純資産がマイナスになると債務超過で、バランスシートの

左側に移される。地価は4割しか下がっていないのに、5倍のレバレッジのために損失が元本の200％（2000万円）に膨らんで、純資産がマイナス1000万円になってしまったのだ。

もっとも、世の中に債務超過のままなんとかやり繰りしている会社がたくさんあるように、たとえ家計が債務超過になったとしても、住宅ローンを返済できているうちは破綻しない。バブル崩壊で住宅地の価格は最高値の半分以下になってしまった（商業地はさらに下落した）から、日本中にこうしたバランスシートの企業や家庭があふれて長引く不況の原因になった。

家計のバランスシートからわかるのは、マイホームの購入というのはレバレッジをかけた不動産投資で、それは株式の信用取引やFXと変わらない、ということだ。

株価が1年間に4％上がり、地価が2％しか上昇しなければ、全財産を株式に投資した方が有利に思える。だが不動産投資に5倍のレバレッジをかけていれば、投資収益は年率10％で株式投資よりはるかに儲かる。

これが、戦後の高度成長期に無理をして住宅ローンを組んで家を買ったひとが資産運用に成功した理由だ。こうして、「できるだけ早くマイホームを購入するのが最高の投資法」

という〝常識〟が生まれた。

だがこれは、「地価は永遠に上がりつづける」という不動産神話に支えられた幻想にすぎなかった。そしてバブル崩壊という「現実」を経験したいまも、危険な不動産投資を行なうひとはあとを絶たないのだ。

不動産の適正価格を計算する

株式投資のところで、「株の実質価値は、原理的に企業が生み出す将来の利益以外にはない」ということを書いた。未来永劫、一銭の利益も生まない株式になんの価値もないことは誰でもわかるだろう（日本には東京電力という例外があるが）。

それと同様の理由で、市場経済においては、不動産の実質価値はそれを他人に貸したときの賃料以外にはあり得ない。たとえ何千万円払って購入したとしても、誰も借りてくれず一銭の利益も生まなければ、その不動産は無価値なのだ。

株式の価格は、将来の一株あたりの利益の総額を現在価値に換算したものだった。それを計算する方法はとても簡単で、ＥＰＳ（1株あたり純利益）を金利で割り引けばいいだけだ。

不動産も株式と同じ金融商品だとすれば、その適正価格も同じ方法で導き出せるはずだ。

すなわち、毎年の賃料を金利で割り引けばいいのだ。

不動産価格＝毎年の賃料÷金利

日本の不動産市場では、リスクプレミアムを加味した不動産の割引率は５％程度とされている。

いま住んでいるマンションを賃貸に出せば、月額10万円の賃料を受け取れるとしよう。１年間の賃料の総額は１２０万円（10万円×12）だから、このマンションの理論価格は２４００万円（１２０万円÷５％）になる。これが不動産の**収益還元法**だ。

収益還元法を知っていると、家を借りるときにもとても役に立つ。

分譲マンションの賃貸では、同じ地区の同程度の物件がいくらで売買されているのかを先に調べておく。それが仮に２４００万円だとしたら、収益還元法から適正家賃は年間１２０万円（２４００万円×５％）だと判断できる。月額家賃が10万円以下なら割安、それ以上なら割高だ。

日本の不動産市場は80年代まで、収益とは無関係に市場参加者の思惑だけで決まってきた。銀行預金の金利が3％台のときに、不動産業者は収益率1％以下の割高な物件を血眼になって買いあさっていたのだ。

バブルが崩壊して地価が大きく下落しても、ほとんどのひとはなにが起きているのかまるでわからなかった。それから10年ほどかけて、不動産業界にようやく世界標準の考え方が定着した。現在では都心部など流動性の高い物件は、収益還元法の価格で取引されるようになってきている。

世帯数よりも住宅が多い国

収益を生まない不動産の理論価格は笑顔と同じくゼロ円だが、日本ではいまだに土地はそれ自体で価値があると信じられている。しかしこれは、「権利には義務がともなう」という当然のことを失念した錯覚だ。

地方自治体のなかには、老朽化した住宅を引き取って公費で解体しているところがある。所有者に修繕する資力がなく、廃屋が〝危険物〟になってしまったからだ。

国勢調査では日本の人口は2010年から減少に転じており、少子高齢化にともなって平均世帯人員は2・4人まで減って、単独世帯が急増している。大家族で暮らすための広い家は、もはやこの国では不要になった。

それに対して世帯総数は2019年までゆるやかに増加するものの、2020年から減少に転じる。これだけを見れば住宅の需要はまだ底堅いが、この増加分の大半は高齢者の単独世帯だ。

こうした人口動態の大きな変化のなかで、地方を中心に空き家が急速に増えている。山梨県内のアパート・マンションの空室率は20・2％で、長野県や和歌山県も2割近い空室を抱えている。日本全国の世帯総数5000万に対して住宅は5700万戸もあり、その差は年々広がっているのだ（次頁の図26参照）。

なぜこのようなことになるかというと、不動産会社や建設会社にとっては、毎年新しい住宅を建設し、販売する以外に利益を確保する方途がないからだ。こうして都心にタワーマンションが建つ一方で、郊外や地方で空き家が増えていく。

しかしたとえ住人がいなくても、不動産を所有しているかぎりは固定資産税を払わなくてはならないし、マンションなら管理費や修繕積立金も必要だ。賃料収入がなければこれらのコストはすべて持ち出しだから、不動産の実質価格はマイナスになってしまう。こうして、住むあてのなくなった実家の不動産を自治体に無償譲渡し、所有にともなう「義

図26　住宅総数と世帯総数

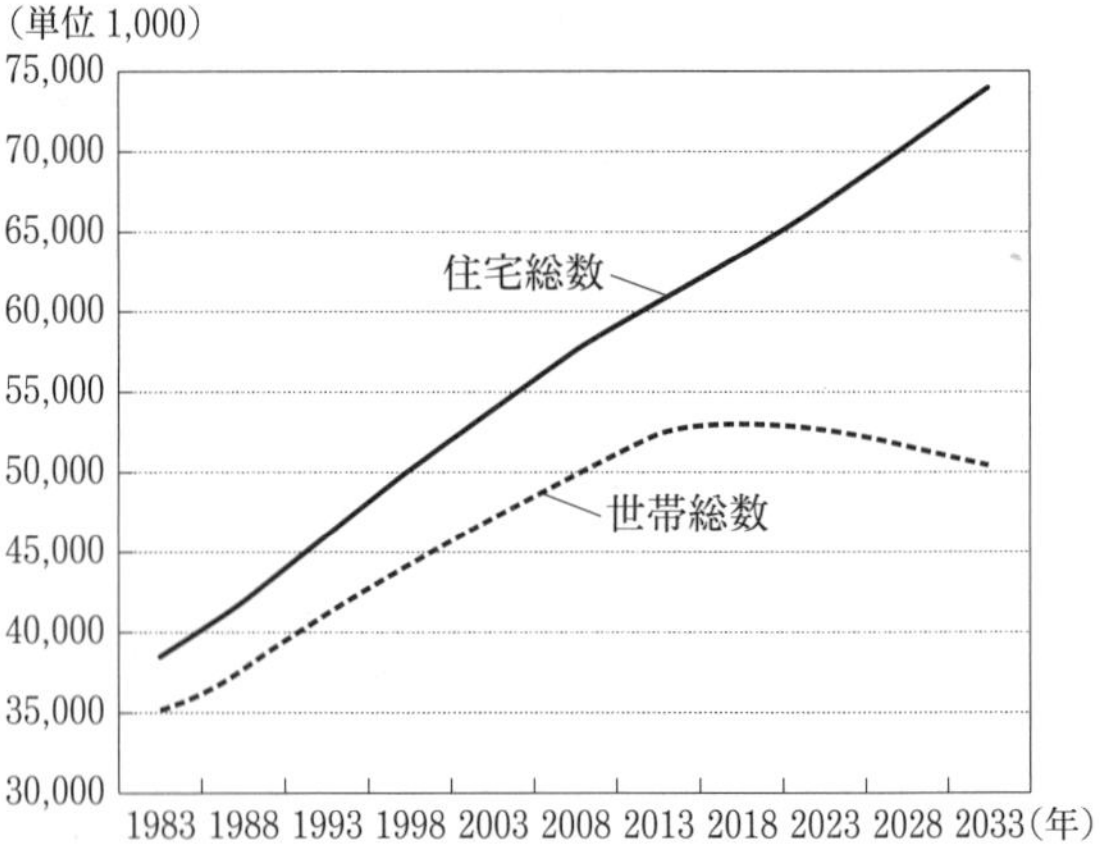

世帯総数の推計は国立社会保障・人口問題研究所（2013年1月推計）による。住宅総数は、2008年までは「平成20年住宅・土地統計調査」、それ以降は前年度比1%増で推計。ちなみに過去25年間の住宅数の増加率は年率1.61%。

務」から逃れるひとたちが増えてきたのだ。

不動産業界は認めたくないだろうが、人口動態を考えれば今後、日本の不動産価格が値上がりする理由はない。都心の一等地などは別としても、地方や郊外では空室率の上昇にともなって格安物件がどんどん増えてくるのだから、買い急ぐ必要などどこにもないのだ。

日本人にとっての資産運用は、戦後ずっと、〝マイホーム〟という名の不動産投資〟だった。だがその常識はいま揺らぎつつある。

14 私たちはなぜ不動産にこころを奪われるのか?

2013年のノーベル経済学賞は「資産価格の実証分析」に貢献したとして3人の学者が同時受賞した。そのうちの一人でシカゴ大学のユージン・ファーマ教授は効率的市場仮説で有名で、資産運用理論のどんな入門書でも紹介されている。

効率的市場仮説とは「金融市場が効率的なら誰も超過収益を得られない」という仮説で、わかりやすくいうと「投資のプロはサルに負ける」という理論だ。

インサイダーマーケットには手を出すな

完全に効率的な市場をオープンマーケット、少数の人間が重要な情報を独占している市場をインサイダーマーケットと呼ぼう。

オープンマーケットでは情報は瞬時に伝わるので、割安な株はたちまち買われ、割高な株はすぐに売られて、誰も長期的に勝ちつづけることはできない。それに対してインサイダーマーケットでは、情報を持っているプロが必ず儲かり、なにも知らない素人はぼったくられるだけだ。

「金融市場は効率的だ」という仮説の証明に使われるのが、投資のプロが運用したファンドと、チンパンジーにダーツを投げさせてつくったポートフォリオを比較する実験だ。この嫌味な研究はしばしば行なわれていて、平均的にはサルが投資のプロを上回る。オープンマーケットでは、プロは手数料分だけランダムなポートフォリオ（市場平均）に負けるのだ。

市場の効率性は、「素人がプロに勝てるかどうか」で計ることもできる。インサイダーマーケットでは、プロとの情報格差があまりにも大きいので素人はいつも損をする。市場が効率的になるにつれてプロと素人の差が縮まっていき、オープンマーケットでは投資は純粋な確率のゲームになってプロと素人の差はなくなる。

為替市場で勘違いしたオバサンが大儲けした話を書いたが、こういう不思議なことが起きるのも市場がそこそこ効率的だからだ。

もちろん市場がどこまで効率的かは神学論争で、ファーマと同時に受賞したロバート・シラー米エール大学教授は、「投資家は合理的に行動するわけではないから、市場が効率的だなんてウソっぱちだ」と唱えている。

私はもちろんこの大問題の答を知っているわけではないが、ひとつだけ確かなことがある。それは、「どうせ投資するならオープンマーケットの方がいい」ということだ。市場がオープンなほど素人が勝つチャンスが増えるのだから、これには誰もが同意するだろう。

それでは、素人が絶対に手を出してはいけないマーケットとはなんだろうか。

すぐに思いつくのは、絵画や骨董などへの投資だ。美術品の世界ではほんとうのことは仲間内にしか伝えられず、外部の人間が情報にアクセスする方法はない。こういう閉鎖的な市場では相場とかけはなれた評価をしてもバレないし、贋作を本物と偽ることも簡単だ。素人にはなす術《すべ》がないから、資産運用としてはまったく割が合わない。

個人投資家が手を出してはいけない市場として商品先物もよく挙げられる。小豆や生糸など売買高の少ない国内商品で相場操縦のような噂があるのは確かだが、原油や金などのグローバル商品では、価格はニューヨークやロンドンの市場で決まるから、日本国内だけで自由に相場を動かすことはできない。

その意味では、商品市場も実はオープンマーケットに近い。「先物が怖い」のは、FXと同じく、極端に高いレバレッジをかけて投資をする（あるいは営業マンにそそのかされて投資させられる）からだ。

ところで投資の世界には、商品先物よりずっと非効率で巨大なインサイダーマーケットがある。それが不動産市場だ。

株式市場と不動産市場を比べてみたら

資産運用本の多くは株式と不動産を同じような投資対象と説明しているが、この二つの「市場」はまったくの別物だ。

①株式は市場で取引されるが、不動産は相対《あいたい》取引だ

上場株式の価格は証券取引所での投資家同士の売買で決まる。トヨタやソニーのような大型株は取引高がきわめて大きく、一部の投資家の思惑で相場を動かすことはできない。それに対して不動産にはオープンな取引市場がなく、価格は不動産業者と顧客との交渉で決まる。

②株式市場では時価が瞬時に公開されるが、不動産取引では売り手の希望価格しかわからない

証券市場は株価をリアルタイムで表示しているから、投資家はその時点での市場価格

（時価）を簡単に知ることができる。

それに対して不動産取引で「価格」とされているのは不動産業者（売主）の希望販売価格で、買主はそこから条件交渉を始めなければならない。また近隣の同程度の物件がいくらで取引されたのかの売買情報が公開されているわけでもない（不動産屋に訊かないと教えてもらえない）。

③株式取引では特定の投資家だけを優遇できないが、不動産取引では顧客を差別することが当たり前になっている

証券市場ではすべての投資家が同じ条件で株式を売買するのが原則だ。トヨタの特別な株式を一部の利害関係者だけが買える、などということは許されない。

それに対して不動産取引では、どの物件を誰に営業するかは不動産業者の裁量次第だ。当然、魅力的な物件は得意客に回し、一般客には残り物を案内するだろう。

④株式市場では投資家にすべての情報が公開されるが、不動産取引では最低限の情報しか教えてもらえない

証券取引所は企業に対し、株価に影響を与えるすべての情報を投資家に公平に告知することを義務づけている。また一部の投資家が不正に情報を入手して利益を上げるとインサイダー取引として罰せられる。

それに対して不動産取引で提供されるのは敷地面積や建築工法など最低限の情報だけで、インサイダー取引の規制もない。

⑤株式取引の手数料は自由化で下がったが、不動産仲介手数料はいまだに割高だ

株式取引の売買手数料は自由化以降大幅に下がって、ネット証券を使えば売買代金の0・1％程度だ。

それに対して不動産業者に支払う仲介手数料はいまでも「物件価格の3％＋6万円」がほとんどだ（さらには登記費用や固定資産税も必要になる）。


思いつくままに挙げてみたが、これだけでも株式取引に比べて不動産取引がいかに不利かわかるだろう。これは流動性の高い金融市場に対して、不動産市場では取引が頻繁に行なわれるわけではないからだ。

「市場が閉鎖的であればあるほど素人はぼったくられる」という法則からすれば、（マイホームを含む）不動産取引は商品先物よりずっと危険なはずだ。だがこういうことばかりいっていると、「商売のジャマをするな」とか「マイホームの夢を壊すな」とか怒られるから、賢いひとたちはみんな口をつぐんでいるのだ。

「家賃保証」という空約束

オープンマーケットは、すべての参加者が同じ条件で利益の最大化を目指す確率のゲームだ。それに対してインサイダーマーケットでは、プロと素人の情報量に大きな格差があり、素人は必ずぼったくられる。経済学ではこれを「情報の非対称性」という。

ところで、これは具体的にはどういうことなのだろうか。

関西から出てきて、東京で小さな料理店を営んでいる知人がいる。何年か前に父親が病気で亡くなって、母親が一人で実家に残された。父親は地元でアパート経営をしていて、それをどうするかが問題になった。

彼の話を聞いて、日本の不動産市場がどういうものかよくわかった。

彼の実家は資産家とされているが、アパートは不動産業者と銀行から勧められて大きな借金をして建てたもので、ローンの返済と管理費用でほとんど利益が出ていなかった。それも変動金利なので、金利が上がればたちまち赤字に陥ってしまう。

アパートのなかには「家賃保証」を受けているものもあった。これは不動産業者（管理会社）が、家賃の10～20％程度の保証料と引き換えに空室にも一定の賃料を保証してくれるというサービスだ。

大家はこれで安定した収益を確保できるというのだが、彼の話を聞くと、バラ色のイメージはたちまち色あせてしまう。

家賃保証をする不動産業者は、アパートの空室が増えると赤字になる。業者が損失を避けようとすれば、なんとしても空室率を一定以下に抑えなければならない。そのためのもっとも簡単な方法が家賃の引き下げと物件のリニューアルで、どちらも大家の負担になるのだ。

彼が聞かされたのは、家賃保証とは「空室でも賃料を払う」という契約で、金額を保証しているわけではないということだ。不動産業者はいつでも家賃の減額請求が可能なのだ。もちろん、契約上は家賃の減額を拒否することもできる。だが実際には、そんなことは不可能だ。

彼の実家は地方都市にあり、管理を任せていたのは地元で最大手の不動産業者だった。彼らの機嫌を損ねたら入居者を紹介してくれなくなるし、管理契約を解除されると代わりの業者を見つけるのは難しい。相手に生殺与奪の権を握られては、いいなりになるほかないのだ。

物件のリフォームも彼を悩ませた。水回りを直すとか壁紙を張り替えるとかいわれても、現地に行かなければそれが必要なのかも、業者の見積もりが適正なのかも判断できない。不動産業者が身内の工事会社にお手盛りで工事を発注しているかもしれないのだ。

けっきょく彼は、週に一度の定休日に日帰りで実家に戻り、不動産業者と交渉することになった。そのたびに交通費がかかるし、貴重な休日もつぶれてしまう。そんな努力を半年続けたあげく、「こんな生活はもう限界だ」と思い知った。

彼の決断は、母親を東京に呼び寄せて、実家の不動産をすべて売却することだった。だがここでも問題が起きる。引き合いがあるたびにいちいち実家に帰っていたのでは、同じことの繰り返しなのだ。

そこで彼は、不動産業者にすべて任せてしまうことにした。売却価格が相場より安くても、さっさと終わりにしたかったのだ。

掘り出し物の物件を買ったのは誰か?

このように明らかに買い手に有利な条件で不動産が売りに出されたとき、いったいなにが起こるのだろうか。

不動産業者が最初につれてきたのは、地元で手広くアパート経営を手掛ける個人投資家だった。投資家は彼に会うと、なぜこんなに安く物件を売るのか訊き、その説明に納得すると即座に一棟買いを決めて銀行に融資を申し込んだ。収益性の高い物件だということで融資審査もすぐに通って、1カ月も経たないうちにアパートは売れてしまった。

この投資家は、地元の不動産勉強会の会員だった。勉強会は不動産業者が優良な投資家を囲い込むためのもので、割安な物件は優先的に会員に案内される。彼らは不動産投資のプロで、即断即決できるから、業者にとっても金融機関にとっても素人を相手にするよりずっと楽なのだ。

インターネットなどにも中古物件の売買情報が大量に出ているが、「そんなものをいくら見てもなんの参考にもならない」と不動産業者は彼に説明した。売主がしびれを切らして価格を下げると、その情報はすぐに上得意の投資家に伝えられる。「公開されている物件にまともなものがあるわけがない」というのが業界の常識なのだという。

それでは、さらに有利な投資機会があったらどうなるのだろうか。

母親を引き取ることに決めた彼は、アパートだけでなく実家も売却することにした。敷地はかなり広く、更地に戻してアパートを建てればじゅうぶんな収益が見込める、もっとも条件のいい不動産だった。

この物件を購入したのはいったい誰だろう。——それはもちろん不動産業者自身だ。

不動産の営業マンは賃貸を選んでいる

インサイダーマーケットでは、情報は中心から周縁へと拡散し、劣化していく。

もっとも有利なのは一次情報を入手できる不動産業者や不動産投資ファンド、金融機関などで、収益性の高い優良物件は彼らが真っ先に購入してしまう。

次いで優位に立つのは一次情報の周囲にいる投資家たちで、彼らは特定の業者と懇意になるか、勉強会などに参加して、すこしでも早く有利な情報を手に入れようとする。不動産投資のノウハウというのは、けっきょくのところ「いかにしてインサイダーになるか」ということに尽きるのだ。

不動産市場では情報の分布はインサイダーとアウトサイダーに二極化している。インサイダーが鼻もひっかけない物件だけがアウトサイダー、すなわち一般顧客に回されるのだ。

こうした市場の構造から、素人が「掘り出し物」の物件を見つけるのは原理的に不可能だとわかる。自分が有利な取引をしたと思っても、それはただの勘違いだ。このことを証明するのは簡単で、その物件をいくらで買うかインサイダー（不動産業者）に訊いてみればいい。

不動産の営業マンは、顧客に持ち家を勧めながら、自分たちは賃貸住宅に住んでいる。マイホームを購入するのは、会社内で出世して有利な取引が許されるようになってからだ。

〝不動産のプロ〟の行動を観察すれば、どのような選択が経済合理的かわかるだろう。新聞にはアパート経営の広告がたくさん出ているが、賢明な投資家はインサイダーマーケットには手を出さないのがいちばんだ。

「不動産神話」と進化論

経済合理的に考えれば、不動産は株式や債券と同じ投資商品の一種で、最先端の資産運用理論では不動産市場を金融市場の一部と考える。これはＲＥＩＴの登場によって、不動産資産が株式市場で取引されるようになったためだ。

それにもかかわらず、ひとびとは株式投資を毛嫌いしマイホームを購入しようとする。なぜなら、「不動産はそれだけで価値がある」に決まっているから。

こうした不動産神話は日本だけでなく世界じゅうで観察されるが、そこに経済学的な根拠があるわけではない（価値がある土地もあれば、無価値の土地もある）。

しかし私がこんなことをいくら書いても、不動産への信念は微動だにしない。マイホームへの渇望は、生命誕生から38億年に及ぶ進化の歴史を背景にしているからだ。

生物にとって、生き延びるためのもっとも重要な戦略は「なわばり」だ。自分のなわばりを死守し、相手のなわばりに攻め込んでメスを奪取する。この営みをえんえんと繰り返した結果、私たちがいまここにいる。

マイホームというのは、個人にとっての「なわばり」だ。「男は家を構えて一人前」といわれるのも、一人暮らしのＯＬが全額住宅ローンでワンルームマンションを購入して、「賃貸のときにはない安心感が得られた」と喜ぶのも、たんなる歴史的・文化的なものではなく、進化論的にものすごく強固な理由がある。それに比べれば資産運用理論など、巨象の前のアリみたいなものだ。

だが不動産神話の背後には、もうひとつ別の理由もある。それは、企業が不動産投資のリスクを個人に押しつけて金儲けしようとしていることだ。

誤解のないようにいっておくと、これは「マイホームを買うと損をする」ということではない。不動産への投資なのだから、地価が上がれば住宅ローンでレバレッジをかけている分だけ大きく儲かる。また、不動産業者を悪者にして批判しようというのでもない。「なにがなんでもマイホームを買いたい」という顧客がいる以上、彼らの望む商品を提供して利潤を得るビジネスが成立するのは当然だ。

金融取引では商品の供給側（業者）と需要側（投資家）の「情報の非対称性」が常に問題になるが、その弊害がもっとも大きいのが不動産市場だ。とりわけマイホームの購入にあたっては、自分が不動産というリスク資産にレバレッジをかけて大きな投資をしているという自覚すらない場合がほとんどだ。

だが現実には、日本の地価は80年代後半に大きく上昇した後、つるべ落としのように下落し、いまでは最高値の4分の1になって30年前（80年代はじめ）の水準まで戻ってしまった（6大都市市街地価格）。

このデータを冷静に見るならば、80年代半ば以降の10年間にマイホームを買ったひとはみんな大損したことになる――誰もそんなことは知りたくないから、ちゃんと計算したりはしないだろうが。

第6章　アベノミクスと日本の未来

15　年金はこれからどうなるのか？

未来になにが待っているかを問うことにはあまり意味がない。どんな予測も、当たるか外れるかはサイコロを投げて決めるのと同じだからだ。それでも予測を聞きたがるのは、ヒトの脳が未来をシミュレーションするようにできているからだろう。

あらかじめ決まっている未来

脳の情報処理の特徴は、極端な出来事に引きつけられ、変化しないものには興味を持たないということだ。

福島の原発事故は依然深刻で、除染や汚染水問題も解決の見通しはないが、ずっと深刻なままなのでほとんどニュースにならない。それよりも「特定秘密保護法成立で全体主義の世の中になる」とか、「防空識別圏は中国の軍事攻撃の前兆だ」とかの話の方がずっと面白いのだ。

今年どんな事件が起こるのかはわからないが、10年後や20年後の日本がどうなっているかはかなり正確に予測できる。私たちは未来を知ることができないが、そのなかで唯一、人口動態だけは例外だからだ。

日本のような先進国では、年齢ごとの死亡率は統計的にほぼ正確にわかっていて、戦争や内乱のような異常事態が起こらなければ長期にわたって安定している。いまのゼロ歳児が平均寿命を迎える八十数年後まで、人口構成がどのように変化していくのかはあらかじめ決まっているのだ。

具体的には、私たちの未来は次のようなものになる。

日本の人口は２０１０年から減少を始めており、２０３０年には１億１５００万人、２０５０年には９５００万人まで減る。その一方で総人口に占める老年人口（65歳以上）の比率は30年には31・８％、50年には39・６％に上昇し、年少人口（14歳以下）の比率は50年に９・７％と１割を切る。

もうひとつはっきりしているのは、日本国の借金が増えることはあっても減らすのがきわめて難しいことだ。国と地方の債務の合計は１９９４年に４５０兆円、２０００年に７００兆円だったが、現在は１０００兆円を超えている。

国の借金というのは、国債を発行して集めたお金を国民に分配した結果だ。この借金は年間50兆円のペースで増えており、それを1億人で割れば50万円で、これが赤ん坊から高齢者まで日本人が毎年、棚からぼた餅のように受け取っている平均的な金額だ。もっともその配布先は高齢者に偏っていて、2013年度の社会保障給付（年金・健康保険）は100兆円を超えているのに子ども・子育て関連は5兆円しかない。

誰もが気づいているように、国家が無限に借金することはできないのだからこの大盤振る舞いにはいずれ限界がくる。少子高齢化の進展とGDP比2倍を超える債務残高によって、この国の未来の選択肢はきわめて限られているのだ。

年金財政を健全化する3つの方法

日本の年金制度が危機的状況にあることは、いまや誰もが知っている。その理由は少子高齢化で、労働人口の減少によって保険料収入が減る一方、高齢化で年金支給額が増えていくからだ。

だったらどうすればいいのか。

日本のような成熟した社会では死亡率はほとんど変動しないから、年金の収支は保険料と支給額、年金資産の運用利回りの三つで決まる。この収支が回復不能なまでに悪化した状態が「年金破綻」だ。

このことから、年金財政を健全化する方途は以下の三つしかないことがわかる。

①年金保険料を増やす
②年金支給額を減らす
③資産の運用利回りを上げる

このなかでもっとも都合がいいのは、運用利回りを上げることだ。といっても、年金資産の大半は日本国債で運用されているから、〝安倍バブル〟の株高が続いたとしても収支が劇的によくなるわけではない。

その一方でインフレで金利が上昇すると、年金財政はかなり改善できる。国債の配当で年金資産が増えても、その分だけ支給額が増えるわけではないからだ（インフレになれば年金は増額されるが、「マクロ経済スライド」によって引き上げ幅は政治的に圧縮できる）。

これは要するに、インフレを利用して年金受給者に実質的な損失を負わせ、借金をチャラにするのと同じことだ。

ところで、アベノミクスが不発で運用利回りが改善しなかったらどうなるのだろう。そのときは①年金保険料を増やすか、②年金支給額を減らすかの二つの選択肢しか残されていない。

国民年金は有利な金融商品

日本の年金制度は、自営業者などが加入する国民年金と、サラリーマンが加入する厚生年金（公務員が加入する共済年金を含む）の二つの異なる制度が合体したものだ。

このうち国民年金は、所得にかかわらず60歳まで定額を積立て、65歳から定額の年金を受け取る。こうしたシンプルな仕組みのため、国民年金の加入者は電卓を叩くだけで損得を計算できる。

現在の国民年金は年間保険料が約20万円で、それを20歳から40年間掛けつづけると総支払額は約８１０万円になる。それに対して期待できる年金受給額は月額５万４０００円あまりで、日本人の平均寿命から総受給額は男性で約１１５７万円（14年８カ月分）、女性は１６９０万円（21年５カ月分）だ。現在の制度がこのまま継続するならば、男性は払った掛金の１・４倍、女性は２・１倍が戻ってくる計算になる。

これを利回りに換算すると、国民年金は男性で年利1・48％、女性で年利2・44％に相当する。それに加えて保険料が全額所得から控除でき、年金の受取りにも各種の控除があり、障害年金や遺族年金も付加されているのだから、現在の低金利を基準にすればかなり有利な金融商品であることは間違いない。

それにもかかわらず、国民年金の保険料納付率はずっと6割を下回っている。大半は経済的な理由からだろうが、なかには確信犯で保険料を納めないひともいる。だがこの判断は、「国民の義務」という道徳的な議論を持ち出す以前に経済的に合理的ではない。

国民年金の特徴は、加入者が自発的に保険料を納めることと、明朗会計であることだ。これは制度を運営する厚生労働省にとって大きな制約で、収支を改善するために利回りをマイナスにすることができない。

民主党政権時代に公的年金の受給開始年齢を70歳まで引き上げることが検討課題に挙げられたが、そうなると国民年金の平均的な受給額は男性で約840万円になって、掛金の総額（約810万円）と変わらなくなってしまう。これではタンス預金した方がずっとマシで、国民年金の正当性を説明するのは困難だろう。

国民年金は「未納」という〝市場原理〟が働いているので、損するとわかれば保険料を納めるひとはいなくなる。これは、制度的に収支を改善（受給者にとっては改悪）する余地がほとんど残されていないということだ。保険料や受給開始年齢の多少の引き上げはあるかもしれないが、このまま掛金を納めつづけても損する（利回りがマイナスになる）リスクは低いだろう。自営業者やフリーターも国民年金の保険料をちゃんと納めた方がよさそうだ。

サラリーマンは惜しみなく奪われる

国民年金が加入者に得な仕組みになっているとしても、年金財政全体では今後、収支はどんどん悪化していく。この赤字は、もちろん誰かが補塡しなければならない。

日本の保険制度は二つしかないのだから、論理的には、国民年金のツケは厚生年金に回ることになる。年金を全額消費税で賄うような抜本改革ができれば別だが、そうでなければ、サラリーマンや公務員の支払った保険料で制度を維持するしかないのだ。

サラリーマンは厚生年金に強制加入させられ、保険料は給料からの天引きなのだから、ぼったくるのにこれほど都合のいい仕組みはない。しかしいくら温厚なサラリーマンでも、払った掛金が返ってこないとわかれば怒り出すだろう。

しかし厚労省にとってさらに都合のいいことに、厚生年金は保険料の半額を会社が負担することになっている。この会社負担分は経営側からすれば人件費の一部だが、サラリーマンはそれを給料の一部だと思っていないので、この錯覚を利用して、「厚生年金の利回りはプラスだ」と言い募ることができる。

厚労省は「将来世代でも厚生年金は2・1倍もらえる」と主張しているが、内閣府による試算では、会社負担分を加えた総保険料では、厚生年金の利回りは53歳以下のサラリーマンでマイナスになっている（男性に限れば現役世代はほぼ全員が払い損だ）。この〝不都合な真実〟を知られたくないために、厚労省は年金の利回りをかさ上げする詐術を弄しているのだ。

それに加えて、厚労省にとっての天の恵みは、厚生年金の保険料率を裁量で決められることだ。

厚生年金の保険料は算出方法自体が変わってきているので単純比較はできないものの、1989年に12・4％（男性）だった保険料率（第一種）はいつのまにか16・8％（男女共通）まで引き上げられ、ボーナスからも徴収されるようになったから実質負担はさらに重くなっている。消費税を3％上げるのに何年も大騒ぎしていたことを考えれば、これは驚くべきことだ（給料の手取り金額が減っていると感じるならば、その理由は税金ではなく社会保険料の引き上げにある）。

年金保険料の料率改定に国会の議決が不要なのは、払った保険料がいずれ本人に返ってくるとされているからだ。しかし現実には、サラリーマンが納めた保険料の半分は国民年金の赤字の穴埋めに流用され、消えていくことになる。

ついでにいえば、この構図は医療・介護保険制度でも同じで、少子高齢化のなかで日本のサラリーマンは惜しみなく奪われる運命にある。

国家の罠

国家は税を徴収し、国債を発行して集めたお金を国民に配っている。こうした国家の再分配からもっとも大きな利益を得ているのは誰だろうか。

一人ひとりの金額で見れば、公務員や公共事業の受注事業者、農業関係者などが思い当たるが、日本国の歳出（再分配の内訳）を見ればこの国の既得権層がどこにあるのかは一目瞭然だ。

２０１３年度の一般会計92兆円のうち、もっとも大きいのは社会保障費の29兆円

（31％）、次は国債費の22兆円（24％）だ。社会保障費は主に年金や医療・介護保険の支払に充てられ、国債費は１０００兆円に及ぶ莫大な借金の利払いと償還費用だ。この二つだけで歳出の5割に達する。

国債の利払いや償還から利益を得るのは国債の保有者だ。誰が国債を保有しているかというと金融機関（銀行と保険会社）と年金などの機関投資家で、銀行はひとびとから集めた預金で国債を買っており、保険も年金も一般のひとが加入しているのだから、最大の受益者は国民ということになる。国債の利払いや償還を止めてしまえば歳出は一気に減らせるが、国債のデフォルトは国民を大損させることになるから政治的には最後の選択だ。

社会保障費は現在でも歳出の3分の1を占めているが、少子高齢化によって今後ますます増えていく。この問題のもっともシンプルな解決方法は国家による社会保障を廃止してしまう（年金も医療保険もすべて民営化する）ことだろうが、有権者の大多数が既得権者である以上、こうした「改革」が実現する可能性もない。アメリカのように、国民を対象とした医療保険制度を導入するかどうかで国論が二つに割れるような状況とは根本的に異なるのだ。

このように考えると、日本国民はすでに国家によって人質にとられていることがわかる。

今後、財政赤字が拡大するたびに、私たちは①国家破産、②社会保障制度の崩壊、③増税、の三択のなかから一つを選ばされることになる。今回の消費税増税が、マスコミも含め大きな反対もなく決まったのは、こうした「国家の罠」が誰の目にも明らかになってきたからだろう。

消費税率の10％への引き上げは、民主党・野田内閣のときの与野党合意で決まった。今後10年から15年かけて、財政危機が叫ばれるたびに同じような国会の〝談合〟によって消費税率は引き上げられていき、いずれは20％を超えることになるだろう。

これはもちろん国民生活に大きな影響を与えるが、だからといって家計が破綻すると決まったわけではない。ヨーロッパ諸国はすでにどこも高消費税率になっているが、ドイツ（消費税率19％）のように失業率5％台で好景気を謳歌しているところもある。だとしたら日本の「国家戦略」は、北欧やドイツ、ベネルクス三国など、高率の消費税でも好調な経済を維持している国々を徹底的に研究し、来たるべき増税の時代に備え、より効率的な社会をつくっていくことしかない。

人類史上未曾有の高齢化社会の到来で、家計が被るインパクトは消費税増税だけにとどまらない。年金支給年齢の引き上げ（アメリカとドイツは67歳、イギリスは68歳まで引き上げることを決定)、年金受給額の減額、医療・介護保険の自己負担率の引き上げ、医療保険の適用範囲の見直し(歯科治療が保険適用されるのは日本ぐらい)、自由診療の適用拡大など、これから次々と大きな波が襲ってくることになるだろう。

次の東京オリンピックが開催される2020年には、団塊の世代が70代を迎えて本格的に医療・介護保険を使いはじめる。前回のオリンピック(1964年)のときは、彼らはまだ10代だった。

そのとき私たちは、こうした新しい世界を当たり前のものとして受け入れるようになっているはずだ――日本の財政がそれまで持ちこたえられればの話だが。

16　日本人の資産運用はどうあるべきか

車を運転するときに私たちが自動車保険に入るのは、どれほど慎重なドライバーでも交通事故を起こす可能性がゼロではないからだ。そしていったん加害者になると、損害賠償で家計が破綻する大きな経済的リスクを負うことになる。このように確率的にはわずかでももいったん起きると破滅的な影響を及ぼすような出来事に対しては、コストをかけてでもそのリスクをヘッジする（保険をかける）必要がある。

「日本の財政が破綻して高インフレの社会がやってくる」というと、ひとむかし前はフィクションかハルマゲドンを待望するカルトの一種のように扱われていたが、日本国の借金がとめどもなく膨らんでいくのを見て、最近では経済学や財政学の専門家まで「国家破産」を警告するようになった。

最初に断わっておくが、私はここで国家破産の恐怖を煽るつもりはない。だが今後、市場や経済が動揺するたびに〝財政ハルマゲドン〟を予言するひとが現われるだろう。そして彼らの不吉な言葉には一定の真実が含まれている――車を運転すれば交通事故を起こすかもしれないのと同じように。

政治家や官僚が賢明な金融・経済政策を取ればそのようなことは起こらない、というひともいるかもしれない。しかしこのような楽観論は、それではなぜGDPの2倍を超える天文学的な借金を抱えるようになったのか、という単純な疑問にこたえることができない。日本の政治はこれまでずっと、大衆の欲望に流されてきたのだ。

あなたがもしこのように考えるのなら、日本国の経済的なリスクにどのように対処するかを考えておくことは無駄ではない。

小学生でもわかるアベノミクス

アベノミクスというのは、マイルドなインフレを起こすことによって消費を刺激するとともに、実質金利をマイナスにして企業の投資を誘う金融政策のことだ（実質金利は、名目金利からインフレ率を引いたものだ）。

（名目）金利の最大の特徴は、上がる時は際限がないけれど、0％未満には下がらないことだ。マイナス金利というのは理論的にはあり得ても、一時的なケースを除けば現実の世界には存在しない。金利がマイナスだと、銀行に預けたお金がどんどん減ってしまう。こんな馬鹿馬鹿しいことは誰もしようとはせず、現金でタンス預金するだろうから、長期的にはすべての銀行が破綻して金融仲介機能が停止してしまうのだ。

それに対してインフレ率は、プラスにもマイナスにもなり得る。

歴史上最大のハイパーインフレは1926年のハンガリーで、1年間で物価は10の16乗倍になった。1兆が10の12乗だから、紙幣の価値は短期間に1兆の1万倍分の1になったことになる。

第二次世界大戦後も1989年のアルゼンチンで年率3000％を超える物価上昇が起

き、またジンバブエでは独裁政治と経済の混乱から「計測不能」とされるハイパーインフレが発生し、ジンバブエドル紙幣は紙くずになって発行が停止された。

一方、〝ハイパーデフレ〟という言葉はないものの、１９２９年の大恐慌でアメリカの実質ＧＤＰは3割低下し、卸売物価指数は年率15％ちかい勢いで下落した。それにもかかわらずＦＲＢは長期金利が上昇するに任せ、その結果、大恐慌後の実質金利は20％を超えてしまった。

現在では、この金融政策の失敗が世界を大不況に巻き込み、第二次世界大戦の惨劇を招いたと考えられている。中央銀行の仕事は、インフレを抑制すると同時に、不況の時には実質金利を引き下げることなのだ。

ところで、実質金利はどうすれば下がるのだろうか。実質金利の定義から、それにはふたつの方法しかないことがわかる。

①名目金利を下げる
②インフレ率を上げる

日本の場合、90年代末の金融危機でゼロ金利政策を導入したから、名目金利はこれ以上下がらない。ということは、あとはインフレ率を上げるほかはない。これが〝リフレ政策〟で、その本質は小学校低学年の算数で理解できる。

ゼロ金利でも借金しない理由

「失われた20年」の日本経済の問題は、ゼロ金利なのに企業はお金を借りようとせず、ひたすら現金を貯めこんだことに象徴されている。

企業経営者はなぜ借金を嫌うのだろうか？　それは、借りたものは返さなくてはならないからだ。返済時に資金が足りないと、当然、その損失は身銭を切って埋め合わせなければならない。

１００万円をゼロ金利で借りて株を買ったら半分になってしまった——この場合は50万円の損失だ。１００万円を借りて喫茶店を始めたが失敗した——これだと１００万円全額が損失になる。こう考えると、いくら金利を引き下げても企業家がお金を借りようとしない理由がわかる。「デフレ不況」ではなにをやっても損するように思えて、ひとびとはゼロ金利を活用しようとしないのだ。

なぜこんなことになったのかについてはいろいろな議論があるが、「デフレから脱出しなければ景気は回復しない」ということについては専門家の意見は一致している。問題は、どうすれば脱出できるか、だ。

インフレを起こすもっとも簡単確実な方法は「ヘリコプターマネー」だ。日本は1000兆円を超える天文学的な借金を抱えているが、それを2000兆円、3000兆円と増やしてヘリコプターからばら撒けば物価はものすごい勢いで上がるだろう。あるいは、日銀が株式やREIT（不動産投資信託）を無制限に買いつづけてもいい。ぜったいに損しないとわかっていれば、誰もが目いっぱい借金して株や不動産に投資しようとするから、金利が上昇して物価も上がる。

ではなぜ、さっさとデフレから脱出しないのか。それは、こうした〝特効薬〟がデフレよりはるかにヒドい経済的混乱を引き起こすことを歴史が繰り返し証明しているからだ。アベノミクスの問題は、「デフレで実質金利が高止まりすれば景気が悪くなる」というのが真実だとしても、「インフレにすれば景気がよくなる」という理屈が正しいかどうか誰にもわからないことにある。

歴史上、制御不能のインフレによって悲惨なことが起きた事例は枚挙にいとまがないが、中央銀行が人工的にマイルドなインフレをつくりだして景気を良くしたケースはまだない。黒田日銀の〝異次元緩和〟が「壮大な社会実験」といわれる所以《ゆえん》だ。

リフレ政策の是非については経済学者の間で激しい論争が続いているが、早晩、事実によって決着がつくだろうから、ここでそれを論じても意味がない。だが一人の生活者として、起こりうるシナリオに備えておくことは大切だ。

アベノミクスが想定するのは、大胆な金融緩和でインフレ期待が高まり、実質金利が低下して株価と地価が上昇し（ついでに円安になり）、景気がよくなって賃金が上がることで金利も上昇するという好循環だ。ここでは、金利の上昇は景気回復の最終局面で起きることになっている。

それに対して、賃金が上がる前にインフレが起これればひとびとの生活は苦しくなるし、金利だけが上昇すれば変動金利で住宅ローンを借りているひとが次々と自己破産し、中小企業は低金利での借り換えができなくなって倒産してしまう。

安倍自民党への政権交代で日本の株価が半年で8割も上昇したのは、投資家がアベノミクスの効果を〝期待〟したからだ。それが一転して落胆に変われば、国債の暴落と財政破綻のリスクが浮上してくる。それがわかっているからこそ、日銀は長期金利を抑えようと躍起になっているのだ。

奇妙な〝資産三分法〟

では次に、日本人の資産運用のどこにリスクがあるかを考えてみよう。

資産運用の基本が分散投資だということは、いまでは誰でも知っている。資産三分法はその鉄則で、資産は株式・債券・不動産に三分割すべきだ。

ところで、ここまで読んで、「なにかヘンだ」と思わなかっただろうか。

日本国債の取引は1単位が1億円だが、個人向け国債なら1万円から買える。個別株式でポートフォリオを組むのは大変だが、日経平均やTOPIXに連動したETFなら1株1万〜1万5000円で日本の代表的な上場企業に分散投資できる。だが不動産って、いったいいくらで買えるのか?

従来の資産運用理論では、不動産とはマイホームのことだとされてきた。仮にマイホームの時価（住宅ローンを除いた純資産価格）を3000万円としよう。そうすると、教科書的に正しい資産三分法を実践しようとすると、株式に3000万円、債券に3000万円で1億円ちかい資産を持っていなければならない。これなら、そもそも資産運用する必要などないではないか。

実は1990年代半ばまで、資産運用は金持ちがやるものだと考えられていた。ビンボー人は額に汗して働きながら住宅ローンを返しているのだから、資産運用のことなど考えても仕方ないのだ。

しかしいまでは、こうした考え方は「政治的に正しくない」とされている。資産の多寡にかかわらず、すべてのひとに資産運用の機会が平等に開かれているべきなのだ。

私はこれが間違っているとは思わないが、だとしたら資産三分法はどうなるのだろう。マネー雑誌では「ボーナスをどう運用すべきか？」の特集が定期的に行なわれ、資産運用の専門家が「分散投資を心がけましょう」とアドバイスしている。しかし彼らは、不動産についてはなぜかいつも沈黙している。この問題を真面目に考えると、ものすごく都合が悪いからだ。

次頁の図27は、マイホームを買ったばかりのひとの典型的な資産ポートフォリオだ。これを見れば一目瞭然だが、資産の9割は不動産で、しかもその大半は借金（住宅ローン）だ。金融資産は全体の1割しかなく、ボーナスはさらにそのごく一部で、それを分散投資しようがどうしようが、資産全体にはほとんど影響はない。

図27　マイホームを買ったばかりの典型的な資産ポートフォリオ

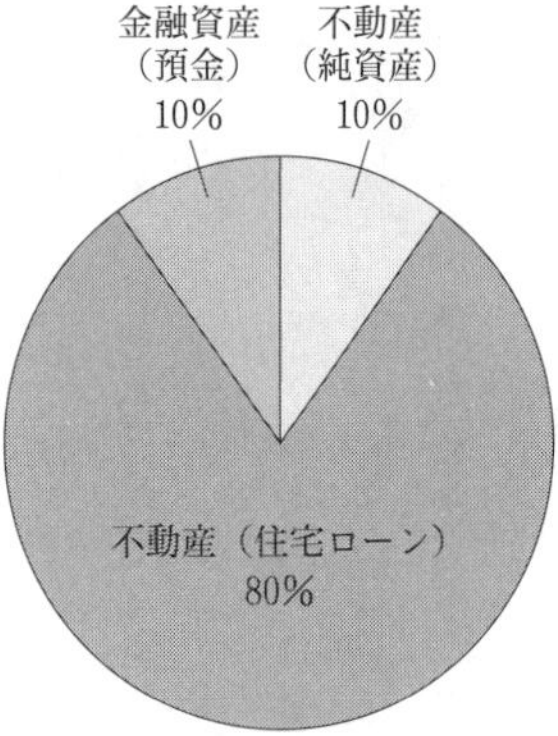

図28　資産三分法による“正しい”運用

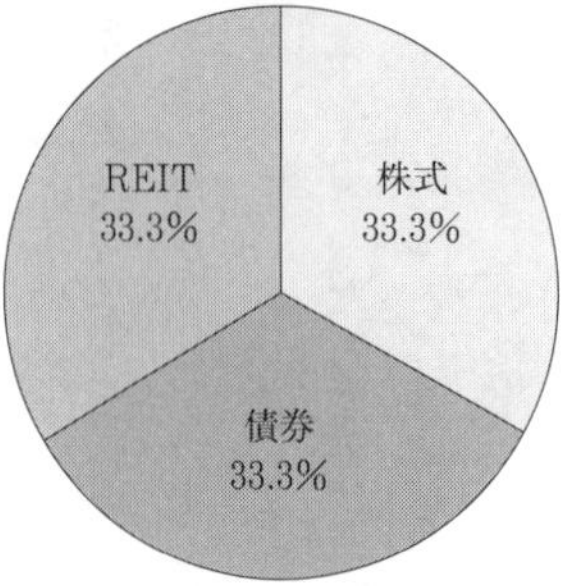

マイホームの購入は不動産投資で、そのうえ個人にとっては金額がものすごく大きいため、いったん家を買うと資産ポートフォリオのすべてが不動産で占められてしまう。これはまさに、資産運用理論で禁忌とされる「タマゴを一つのカゴに盛る」状態だ。

それに加えて変動金利で住宅ローンを組んでいると（購入者の大半がそうだ）、金利が上がれば返済額が増えて家計を圧迫する。

資産のすべてが不動産の場合、資産運用の成否は不動産価格と金利水準で決まるほかはない。いったんマイホームを買えば、あとは金利が上がらずに地価が上昇するのを祈るだけなのだ。

それでは、正しい資産三分法とはどのよう

なものだろうか。これはものすごく簡単で、株式・債券・REITでポートフォリオを組むことだ（図28）。

ただしこの資産ポートフォリオをつくるにはひとつだけ条件がある。それは、「マイホームを買わないこと」だ。

資産三分法が正しいとすると（たぶん正しいのだろう）、論理的にこれ以外の結論を導くことはできない。だが不思議なことに、こんな簡単なことを指摘するひとはほとんどいない。

円というリスク

私たちは市場からお金を手に入れる方法として、人的資本と金融資本というふたつの手段を持っている。人的資本は若いときほど大きく、20代のサラリーマンではその理論的な価値は1億円以上ある。その一方で金融資本は年齢を重ねるに従って増えていき、リタイアすると人的資本はゼロになるので、あとは（年金を含む）金融資本から富を獲得するほかはない。

それでは、人的資本と年金を加えた日本人のポートフォリオを図示してみよう。次頁右の図29が不動産を購入した30代、左の図30がリタイアした60代だ。

図29　不動産を購入した30代のポートフォリオ

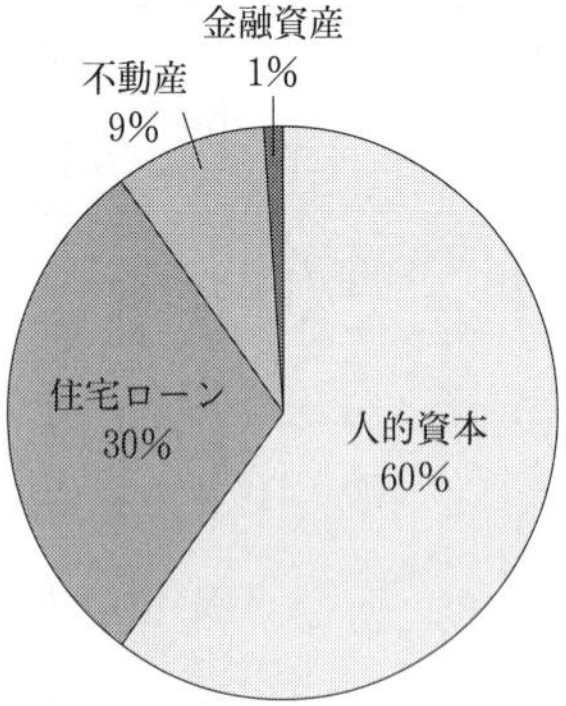

図30　リタイアした60代のポートフォリオ

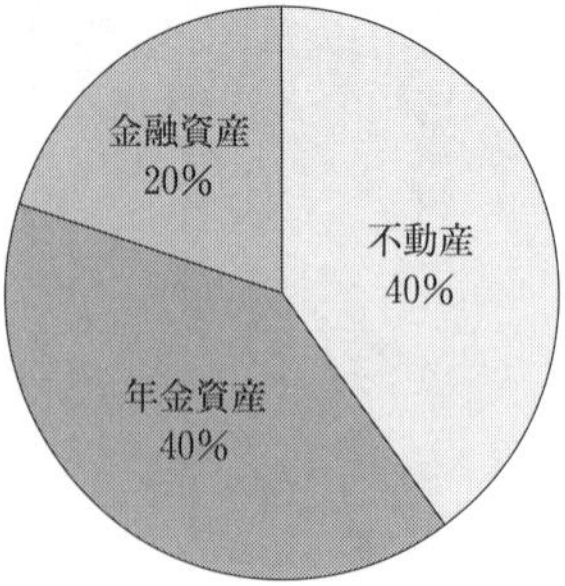

これを見れば一目瞭然のように、若いときは人的資本が圧倒的に大きく、おまけにマイホームを購入すると金融資本より借金（住宅ローン）の方がはるかに多くなる。いったんこの状態になると、「一所懸命働いて住宅ローンを返済する」という〝資産運用〟しかない。

リタイアした60代は資産のすべてが金融資本だが、そのなかでも不動産と並んで年金資産の比率がきわめて高くなる。年金制度が破綻するようなことがあれば老後の人生設計は危機に瀕する。これが、高齢化の進展にともなって将来への不安が大きくなっていく理由だ。

それに加えて、若者から高齢者まで日本人の資産運用には共通の大きなリスクがある。それは、**資産のほぼすべてが〝円〟に偏っている**ことだ。

日本の労働者の大半は給与を円で受け取っている。不動産は国内資産で、円が下落すれば外貨（ドル）建ての不動産の価値はその分だけ減価する。年金の7割超は日本国債と日本株で運用されており、金利の上昇（国債の下落）と株価の下落が制度の根幹を揺るがすことになる。

資産ポートフォリオが円資産に一極集中するのは、日本企業に勤め、日本国内に暮らし、日本国の年金制度に加入している以上、仕方のないことだ。だがそうである以上、個人にできる範囲で〝円のリスク〟に保険をかけておく必要がある。

資産運用理論の基本である分散投資では、ポートフォリオはできるだけ多様な通貨で構成した方がいい。通貨の価値は相対的なもので、すべての通貨が同時に下落することは原理的にあり得ないからだ。もっとも今後も当分のあいだ機軸通貨はドルで、ドルと円がともに下落する（ユーロや人民元などその他の通貨が一方的に上昇する）という事態は考えにくいから、日本円と米ドルの外貨預金に資産を分散しておくだけでもじゅうぶんだろう（それが不安ならユーロを加えてもいい）。

外貨預金は円高になれば為替差損が発生するが、それは「円のリスク」への保険料と考えるべきだ。将来、通貨の大幅な下落というかたちで円のリスクが顕在化したとき、外貨資産から得られる為替差益が損失の一部を補ってくれるだろう。

資産運用のゴール

第4章で、「長期的には為替リスクは存在しない」と述べた。だとしたら、すべての資産が円に一極集中していたとしても円の為替リスクはないのではないか、と疑問に思うひともいるだろう。

これはたしかにそのとおりで、円預金と外貨預金の損得は為替の変動と金利差によって相殺され、理論上は長期で保有すれば損も得もなくなるはずだ。

ただし、「長期的には為替リスクは存在しない」という想定は平時にしか適用できない。急激なインフレと円の下落が起これば、金利の上昇によって損失を相殺する以前に資産ポートフォリオが回復不可能なまでに毀損してしまう怖れがあるからだ。〝財政破綻〟や〝国家破産〟といわれる異常事態では、高率のインフレと金利の上昇をともなって円の価値が大きく減価し、円に依存した家計が破綻してしまう。

このリスクにどうやって〝保険〟をかけるかはきわめて簡単だ。

日本人の資産ポートフォリオは人的資本、不動産資産、年金資産が円建てで、円というローカル通貨にリスクを集中させている。ファイナンス理論では通貨も分散させたほうがポートフォリオの安定性は高まるのだから、この原則に従ったもっとも正しい資産運用戦略は**「金融資産のすべてを外貨建てにすること」**だ。それでもほとんどのひとは、（人的資本などを加えた）総資産のうち外貨建て資産が10％を超えることはないだろう。

私はこのアドバイスが間違っているとは思わないが、しかしほとんど役に立たないことも知っている。「理屈ではこうなる」と説明したところで、全財産を外貨建てにするひとがいるとも思えないからだ。

図31　資産運用のゴール

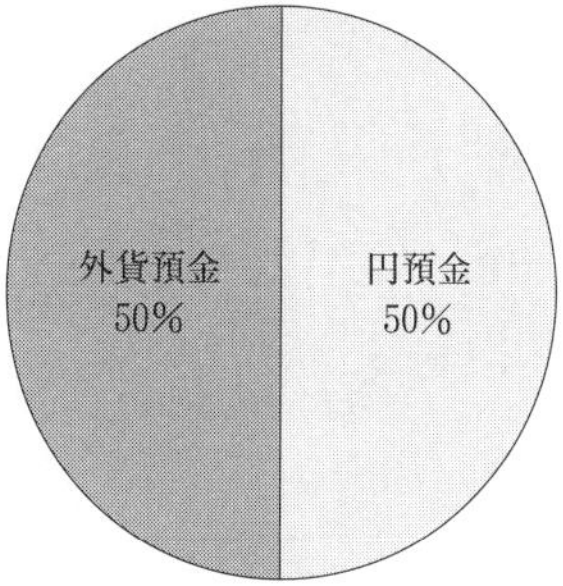

そこでこれを資産運用のゴールから考えてみよう。

リタイア後の生活資金として、どんなことがあっても5000万円相当の金融資産を確保しておきたいとする。このとき1億円の金融資産を保有しているとしたら、もっともシンプルで安全確実な資産ポートフォリオは、5000万円を日本円で銀行に預け、残りの5000万円を米ドル（およびユーロ）の外貨預金にしておくことだ。

たったこれだけで、日本国が国家破産しようが、米ドルが暴落しようが（あるいはユーロが崩壊しようが）、ある通貨が下落すれば別の通貨が上昇するのだから、なにが起きても実質的な資産価値は5000万円相当を下回ることはない（前頁図31）。

じゅうぶんな金融資産を保有しているひとは、このきわめて簡単な方法で国家のリスクを個人のリスクから切り離すことができる。だとしたら、誰もが億万長者になれる（はずの）ゆたかなこの国に住む臆病者の投資家も、〝必勝のポートフォリオ〟を完成させるために外貨建て資産を積み増していくべきなのだ。

17 「国家破産」は怖くない

〝国家破産〟という異常事態がもし現実のものになったとしたら、いったいどうすればいいのだろう。

話の前提として、ここではアベノミクスをめぐる神学論争には足を踏み入れない。名だたる経済学者が罵詈雑言を浴びせあっても決着がつかない問題を考えたところで時間の無駄だからだ。

次に、「いますぐ全財産を外貨建てにしてしまえばいい」という、理論的には正しいけれど現実的には意味のない提案もしない。ほとんどのひとは株式投資の経験もなく、外貨に分散するほどじゅうぶんな金融資産も持っていないだろうからだ。

そんなごくふつうの「臆病者の投資家」は、不確実な日本の未来にどのように備えるべきなのか。それが最後の問題だ（以下で述べるのは『日本の国家破産に備える資産防衛マニュアル』〈ダイヤモンド社〉の要約）。

未来の3つのシナリオ

ここでのポイントは、未来は誰にもわからないものの、戦争や内乱、地震や原発事故とちがって、**経済的な出来事は将来の予測を限定できる**ということだ。アベノミクスが引き起こす日本の未来は、原理的に以下の3つしかない。

①楽観シナリオ　アベノミクスが成功して経済成長がふたたび始まる

②悲観シナリオ　金融緩和は効果がなく、円高と低金利のデフレ不況がこれからも続く

③破滅シナリオ　国債の暴落（金利の急騰）と高インフレで財政は破綻し、大規模な金融

危機が起きて日本経済は大混乱に陥る

このシナリオのうちどれが現実のものになるかは現時点では判断できないが、このことは大きな問題にはならない。未来が3つのシナリオに限定されているのなら、すべてに共通する資産運用戦略を見つければいいだけだからだ。

書店に行けば「国家破産」のタイトルのついた本が並んでいる。

このままでは年金制度が崩壊するのではないか。医療費の自己負担率が上がって、病気になっても医者にかかれなくなるのではないか。日本国が「破産」すれば、蓄えのない高齢者は住む家を失って路上に放り出されるのではないか――。これは杞憂ではなく、ギリシアで起きたのはまさにこういうことだ。

しかしそれと同時に、次のことも強調しておきたい。

もっとも不吉な破滅シナリオが現実のものになったとしても、**ある朝目覚めたら1万円札が紙くずになっていた、などということはぜったいに起こらない。**経済には強い継続性（粘性）があるからだ。

日本国の財政破綻は、次のような順番で進んでいく。

第1ステージ　国債価格が下落して金利が上昇する
第2ステージ　円安とインフレが進行し、国家債務の膨張が止まらなくなる
最終ステージ（国家破産）　政府が国債のデフォルトを宣告する

〝危機〟が第1ステージから第2ステージ、最終ステージへと悪化していくなら、市場の混乱に適切に対処して資産を守るための時間はじゅうぶんにある。ギリシアの経済危機にしても、財政の健全性が危ぶまれてから国家がらみの粉飾決算が発覚して国債価格が急落するまで2年以上が経過している。慌てる必要はどこにもないのだ。

普通預金は最強の金融商品

次に臆病者の投資家にとって、①楽観シナリオ、②悲観シナリオと、③の破滅シナリオのうち第1ステージまでは、普通預金こそが最適な資産運用戦略になることを説明する。

最初に、②の悲観シナリオを検討しよう。

このシナリオでは、日銀がいくら金融緩和しても物価は上昇せず、低金利とデフレ不況

が続くことになる。

デフレでは銀行にお金を預けてもたいした金利はつかないが、衣類や食費、電化製品などすべてのモノが安くなるのだから生活はどんどん楽になっていく。経済学ではこのことを、名目金利が低くても（名目金利から物価上昇率を引いた）実質金利が高いからだと説明する。

だとしたらデフレ下の最適な資産運用戦略は、国が１０００万円までの元本と利息を保証してくれる普通預金で「実質的な高金利預金」をすることなのだ。

リフレ派の経済学者がいうように、アベノミクスが成功して①の楽観シナリオが実現したらどうだろう。

好景気で株も不動産も上がるなら、銀行にお金を預けておくと儲け損なってしまう。経済学ではこれを、「得する機会を逸した」という意味で機会費用と呼ぶ。

高齢者白書などによれば、日本の平均的な65歳は退職金などで１５００万円程度の金融資産を保有しているが、実はそれよりずっと大きな資産がある。

ひとつは不動産で、自宅などの資産価値は平均で２０００万円相当になる。もうひとつは年金で、厚生年金の平均受給額である月額15万円強を65歳から20年間受け取ったとしてその価値を評価するとおよそ3000万円になる。

60代の日本人にとって、もっとも大切な資産は年金受給権で、次が不動産だ。リフレ派のいうようにアベノミクスで好景気になれば、税収増で財政問題は解決するのだから、社会保障制度の破綻を心配する必要はない。おまけに地価も上昇して、自宅を売却して多額の現金に換えることもできる。

このように楽観シナリオでは、高齢者の資産の中核にある年金受給権と不動産から大きな利益がもたらされる。それに比べれば金融資産の一部を株に投じた儲けなど微々たるものだ（サラリーマンの場合は会社の業績がよくなって給料もボーナスも増えるだろう）。

安倍バブルでいい思いをしたのは、衆院選前の株価9000円台で投資を始めたひとたちだ。半年間で8割の上昇は素晴らしいパフォーマンスだが、これからも同じように上がりつづける保証はない。

80年代バブルのような大相場でもないかぎり、「投資しない」機会費用はさほど大きくならない。あなたが臆病者なら、お金はやはり安全な普通預金に預けておけばじゅうぶんだ。

破滅シナリオが現実化したら

それでは最後に、アベノミクスが失敗する③の破滅シナリオを検討してみよう。

ここでのポイントは、**財政危機は金利の上昇（国債の下落）から始まる、**ということだ。低金利のまま円安になったり、マイルドな物価の上昇が起これば景気は回復するだろう。国債価格が下落すると、国債を大量に保有している金融機関は時価会計で債務超過になってしまう。金利の大幅な上昇は深刻な金融危機をもたらし、株も不動産も大きく下落するだろう。

急なペースで金利が上がったときにもっとも確実に利益を得る方法は普通預金か短期の定期預金にお金を預けておくことだ（逆に長期の定期預金では、金利の上昇に追いつくことができずに損をしてしまう）。金利の上昇で得する方法はほかにもあるが、初心者でも簡単にできて、なおかつ元本保証までついている普通預金に優る資産運用はない。

このように、仮に破滅シナリオが現実のものになっても、第1ステージまでは普通預金でじゅうぶん対応可能だ。ところが経済危機が第2ステージまで進むと、もはや普通預金だけで資産を守ることはできなくなる。金融市場の混乱に収拾がつかなくなるからだ。

もっとも、第2ステージを想定していますぐ対策が必要なわけではない。先に述べたように、仮にアベノミクスが失敗したとしても、第1ステージから第2ステージに移行するまでには時間がかかるからだ。

1997年のアジア金融危機や98年のロシア危機に端を発して、日本では大手金融機関が次々と破綻した。「国家破産」が現実化すればそれを上回る経済的混乱が日本を襲うのだから、異常事態が起きているのは誰にでもわかる。

だったら、金融危機が始まってから資産ポートフォリオの構成を変えてもじゅうぶん間に合うだろう。金融取引のインフラは急速に進歩しており、いまではクリックひとつで全財産を外貨に換えて海外の金融機関に送金することもできるのだから、なにも慌てる必要はないのだ。

「国家破産」に保険をかける金融商品

「国家破産」についての議論はいろいろあるが、そのポイントは単純だ。

経済的な側面から考えれば、日本の財政が破綻することで金融市場で次の3つの事象が大規模に生じ、**それ以外のことは起こらない。**

①国債の下落（金利の上昇）
②円安
③インフレ

「国家破産対策」とは、この3つの経済的な事象に適切に対処することだ。

幸いなことに、プライベートバンクやヘッジファンドなどの高度な資産運用（といわれているもの）はいっさいいらない。破綻シナリオの第2ステージでも、近所の金融機関やネット銀行・証券で販売している金融商品だけでじゅうぶんだ。

【国債ベアファンド】

国債ベアファンドは、国債が下落すると利益が出るように設計されている。さらには4〜5倍のレバレッジがかかっているから、国債が暴落すれば宝くじに当たったのと同じことになる（そのかわり国債価格が変動しなくてもファンドの基準価額は下落していくから、購入のタイミングを見きわめる必要がある）。

【外貨預金】

円安から利益を得るためには、誰もが考えるように外貨を購入すればいい。このとき大事なのは、為替手数料の安い方法を選ぶことだ。銀行での両替は1ドル＝1円が基本だが、ネット銀行では1ドル＝10銭と10分の1のところもある。

注意したいのは、財政危機が顕在化すれば必ず円安になるわけではないことだ。金利が上昇すると、短期的には為替は上昇することが知られている。財政破綻の初期は、急激な円高が日本を襲うかもしれない。

【物価連動国債】

財政破綻の最終局面としてハイパーインフレを予想する専門家もいる。物価が大幅に上昇すれば生活は苦しくなるが、そのぶん国の債務は軽減される。インフレとは、国民の生活を犠牲にして国家が借金を棒引きすることだ。

インフレに対抗できる金融商品として、物価連動国債がある。インフレ率に応じて元本が増減するようになっていて、10年後に物価が倍になっていれば国債の元本も2倍になって償還される。

ただし物価連動国債は個人には販売されておらず、現在のところファンドを通じて購入するしかない（個人向けの物価連動国債の販売も検討されている）。

預金封鎖を恐れる必要はない

破滅シナリオが第2ステージまで進んだとしても、あらかじめ何が起きるかわかっていれば、適切な金融商品の選択で経済的なリスクに保険をかけられる。だが状況がさらに悪化して国家の信用そのものが揺らぐと、これまでの戦略は役に立たなくなってしまう。

日本国がデフォルトすれば国債は償還されないのだから、物価連動国債への投資は意味がない。預金封鎖のようなことが起きれば、国債ベアファンドや外貨預金の利益も差し押さえられてしまうかもしれない。

国家の破産が現実味を帯びてくると、国内の資産を海外に移すほかに損失を逃れる術がなくなってしまう。これは極論というわけではなく、ギリシアではユーロからの離脱を賭けた2012年6月の再選挙を前にして1日あたり500～800億円相当の銀行預金が連日引き出され、キプロスでは13年3月に大手金融機関が破綻し銀行口座の閉鎖が現実のものとなった。

そんなことがもし日本で起きたらどうすればいいのだろうか。しかしこれも、過度な心配は無用だ。

かつては海外の金融機関を利用する日本人はプライベートバンクの顧客など限られた富

裕層だけだったが、いまではごくふつうのOLがブランド物を買うついでに香港の金融機関に口座開設している。金融市場のグローバル化にともなって、「資産フライト」もすっかり大衆化した。

私は〝預金封鎖〟のような極端な事態まで想定してリスク管理をする必要はないと考えるが、どうしても心配なひとは、海外旅行のついでに香港やシンガポール、ハワイなどの金融機関に口座をつくっておけばいいだろう（日本から郵送で口座開設できるところもある）。

〝海外銀行口座〟というと特別なものに思うかもしれないが、使ってみれば日本国内のネット銀行とたいして変わらない。いったんつくっても、利用しなければ閉鎖すればいいだけだ。これだけのことで「安心」が手に入るなら安いものだろう。

「国家破産対策」の王道は金融資産を外貨建てにして国家のリスクを個人のリスクから切り離すことだが、保守的な投資家は当面は普通預金中心の運用を続けていても問題はないだろう。もちろんドルコスト平均法ですこしずつ外貨資産を増やしていったり、円高が進行する機会に資産構成を入れ替えるのが有効な方法であることはいうまでもない。

ここで強調しておきたいのは、万が一、国家のリスクが顕在化するようなことがあれば、どんな臆病者も自分と家族を守るために決断しなければならない、ということだ。財政破綻の懸念から国債が暴落し、深刻な金融危機が起きて急激な円安が進行しているのに、なんの準備もなくただおろおろしているのでは「自己責任」といわれても仕方ない。そのためにも、金融市場の知識と金融商品の取引経験に基づいて、いざというときどのように行動すべきかシミュレーションしておくことはとても大事だ。

逆にいえば、適切な準備ができていれば国家破産を過度に恐れる必要はない。グローバルな金融市場では、知識さえあればどのような経済的混乱にもヘッジ（保険）をかけることができるのだ。

なおここでは、それぞれの金融商品についてきわめて簡略な説明しかしていない。拙著『日本の国家破産に備える資産防衛マニュアル』により詳しい解説があるので、投資を検討する際は参考にしてほしい。同書は2013年3月の刊行だが、現在でも変更すべき特段の箇所はない。

終章　ゆっくり考えることのできるひとだけが資産運用に成功する

金融リテラシーとは金融市場の「読み書き能力」のことだ。リテラシーの高いひとは金融市場を使って上手にお金を増やしていく。その反対にリテラシーが低いと、あちこちでぼったくられてお金が減っていく。

あなたのお金を狙っているのは、振り込め詐欺の犯罪者だけではない。日本の個人金融資産の大半は高齢者が持っているから、金融機関の業績は年寄りからどれだけ効率的にカネを巻き上げるかにかかっている。大手銀行や証券会社、保険会社が大々的に宣伝している金融商品にも情弱(情報弱者)をターゲットにしたものはいくらでもある。

こんなことばかりいっていると世を拗《す》ねたひねくれ者みたいだが、これが現実なのだから仕方がない。世論の力で社会を変えようとする理想主義もいいが、手っ取り早い解決策は個人のリテラシーを上げることだ。

自分は常に世界の中心

金融リテラシーをひとことでいうなら、相手の立場になってみることだ。リテラシーの高いひとは、一見、得なような話(金利を上乗せしてくれるとか、何歳でも保険に入れるとか)があると、コストがどうなっているかをまず考える。そのためには金融市場(金融商品）の基本的な仕組みを知らなければならないが、これはべつに難しいことではなく、ちゃんとした本を何冊か読めばいいだけだ。

リテラシーの低いひとはこうした努力をせず、すべてを自分中心に考える。「特別な私は特別な幸運に恵まれて当たり前」と思っているから、荒唐無稽な詐欺商法に引っかかるのだ。「自分は大丈夫。客観的に判断できるから」と自信があるかもしれないが、残念ながらこれは錯覚だ。

私たちは誰もが「世界の中心」だ。なぜなら自分がいなくなれば世界も消滅してしまうから。この臨場感は圧倒的で、逃れることはできない。どんな「客観的」な判断にも主観は紛れ込んでくる。

ファイナンス理論を学べば株や為替の動向がわかると思っているひとも多いが、これも大きな誤解だ。

ほとんどのひとは、株価が上がったり下がったりするのに理由があると考えている。因果論はものすごくわかりやすいから、私たちは無意識のうちに原因と結果を結びつけようとする。

それに対して現代のファイナンス理論は、市場は因果律で動いているのではなく、未来は確率的にしか把握できないと教える。理屈そのものは初等数学程度で理解できるが、難しいのは「株価の変動に理由はない」という事実を受け入れることだ。

さらに近年は、市場を複雑系だとする見方が有力になっている。複雑系のネットワークで起きることは原理的に予測不可能だから、これが正しいとすると経済予測の類はすべて無意味ということになる。

過去の株価予想を検証してみると、高給取りの証券アナリストの成績はサルと変わらない。この〝不都合な真実〟は半世紀も前から繰り返し証明されているが、それでも彼らの仕事がなくならないのは、金融業がある種の娯楽産業で競馬や競輪に予想屋が必要なのと同じだ。

リテラシーの高いひととは、「誰も未来を知ることはできない」という真理を前提に資産運用を考える。このときに重要なのは、どんな経済変動にも耐えられるようじゅうぶんに資産を分散しておくことだ。

ファスト&スロー

ダニエル・カーネマンは経済学に心理学を導入して、２００２年にノーベル経済学賞を受賞した。そのカーネマンは、私たちは「速い思考」と「遅い思考」を使い分けているという（『ファスト＆スロー』早川書房）。

速い思考は直感のことで、わかりやすくて快適だ（心理的な負荷が低い）。暗闇でなにかの気配を感じ、「危険だ」と警告を発するのが速い思考だ。

それに対して遅い思考は、二桁の掛け算を暗算するようなもので、心理的にも身体的にも負荷が高い。やってみるとわかるが、筋肉は緊張し、血圧も心拍数も上がる。要するに不快なのだ。

速い思考と遅い思考は、どちらも生きていくうえで大切なものだ。愛情や友情は掛け算からは生まれないが、領土問題が解決できないのは双方が「なわばりを守れ」という速い思考にとらわれているからだ。

ヒトの感情は200万年続いた石器時代にかたちづくられ、それ以来ほとんど変わっていない。

石器時代の厳しい環境では、速い思考は生き延びるのに必須だった。茂みで物音がしたとき、それがなにかをじっくり考えていては、飛び出してきたライオンに食べられてしまう。直感に従って逃げ出した者だけが子孫を残したのだ。

それに対して文明社会では、遅い思考の価値が高くなって、速い思考はだんだん役に立たなくなってくる。東京の街にトラやライオンはいないから、石器時代と同じようにびくびくしている必要はないのだ。

さらに現代では、経済の中心は製造業から知識産業に移っている。知識経済というのは、速い思考では理解できないことから富を生み出す仕組みだ。直感は誰でも持っているので、そこに付加価値はない。わかりにくいものにこそ価値があるのだ。

金融市場では為替や株式などバーチャルな商品が取引されている。金や不動産のような実物資産と違って、これらは直感で理解することが難しい。

株価や地価は将来の利益を現在価値に割り引いたもので、為替はモノの値段が同じになるように異なる通貨を調整することだ。しかしほとんどのひとはこんなふうに考えず、わかりやすい理屈（アベノミクスで円安・株高になる）を求める。

こうした視点に立つと、金融市場がどんな場所か見えてくるだろう。そこでは遅い思考のできるひとが、速い思考しかできないひとをカモにしているのだ。

トレーダーでもないかぎり、金融取引に速い思考は必要ない。直感的に「得だ」と思う話はすべて胡散臭いと考えて間違いない。

有利な投資機会があったとしても、あなたのところに来る前に〝プロ〟がぜんぶ持っていってしまう。彼らは24時間それだけをやっているのだから、素人が競争しても勝てるわけがない。株式や債券、為替などのオープンな市場はプロも素人も平等だが、「個人投資家向け」に売られているのはプロが見向きもしないものばかりだ（その典型が投資用不動産だ）。

これからの資産運用は、儲けることではなく、労働市場から富を獲得できなくなったときのための保険だと考えるべきだ。高齢化社会の到来で「悠々自適」は魅力を失い、長く働く（社会に参画する）ことが人生の新しい価値になるのなら、投資の果実を収穫するのはずっと先でいい。

ゆっくり考えることのできるひとだけが、資産運用に成功するのだ。

あとがき　金融リテラシーの不自由なひとに感謝を

「宝くじは愚か者に課せられた税金」という話を第2章で書いた。だがこれは、宝くじによって誰もが損をしているという話ではない。

宝くじの収益は財団法人日本宝くじ協会を通じて地方自治体に分配され、公共事業や社会保障に使われる。だとしたら、〝愚か者〟からできるだけ税金を搾り取って、それを原資に商店街のアーケードを整備したり、保育園や介護施設を充実させるのはなかなかウマい仕組みだ。宝くじやサッカーくじの賞金を高額化して射幸心を煽っても、ぼったくられるのは〝愚か者〟の自己責任で、それによってみんなの幸福度が上がるのだからすべて丸く収まっているのだ。

金融市場で得するひとと損するひと

金融市場は、じつはこれと同じ仕組みになっている。

ＦＸ会社は１ドルあたり3〜5銭というスプレッド（手数料）で円とドルを（ヴァーチャルに）両替している。１９８０年代には、日本でもっとも優遇されているトヨタの両替手数料が１ドルあたり10〜15銭だった。金融技術の進歩は、ふつうのオバサンが日本を代表する企業よりはるかに安い手数料で外貨取引をすることを可能にしたのだ。

ところで、ＦＸ会社はこれほど薄い利幅でどうやって利益を出しているのだろうか。

ＦＸはギャンブルの一種で、宝くじはもちろん競馬・競輪やパチンコよりも期待値が高い（手数料率が低い）。おまけに他のギャンブルではあり得ない借金（レバレッジ）までさせてくれる。

こうした優位性を考えれば、経済合理的なギャンブラーがパチンコやスロットなどには見向きもせず、ＦＸや日経平均先物・オプションなどのデリバティブを手掛けるのは当然のことだ。事実、初期のシカゴ市場のオプション取引を担ったのは、ラスベガスから移ってきたディーラーたちだった。

ＦＸ会社はカジノの胴元で、その利益は一部のトレーダーに依存している。高額の資金に高いレバレッジをかけ、頻繁に取引を繰り返す彼らは、医学的にはギャンブル依存症と診断されるかもしれないが、コストにはきわめて敏感で、できるだけ有利なスプレッドで取引したいと考える。ＦＸ会社は賭博の上客を集めるために、手数料の安さを競わなければならないのだ。

ところでＦＸは、レバレッジを１倍にすることでふつうの外貨預金と同じになり、なおかつ銀行の外貨預金より利息（スワップポイント）も高い。なかには外貨のまま他の金融機関に送金できるところもある。こうした仕組みを知っているひとは、死屍累々たるギャンブラーを踏み台にして外貨取引のコストを大幅に節約できるのだ。

ＦＸは極端なケースとしても、同様の現象はあちこちで見受けられる。日本の銀行は最低預金額がなく、少額の預金でも無料で預かってくれるばかりか、コンビニなどのＡＴＭ手数料も無料にしている。その結果、ほとんどの預金口座で採算は赤字になっているが、一部の大口預金者からあの手この手で手数料を徴収することで損を埋め合わせている。

大口預金者に対して銀行がもっとも売りたがる金融商品が投資信託で、販売手数料３％なら、ファンドを１億円買ってもらえば手数料は３００万円で、なおかつ信託報酬のなかから毎年キックバックが入ってくる。銀行員にいわれるがままにファンドを買うお金持ちがいるおかげで、私たちはローコストの銀行サービスを享受できるのだ。

ここではいちいち実例をあげないが、ネット証券やネット銀行、生命保険会社などでも同じ構図がすぐに思い浮かぶだろう。私たちは宝くじ売り場に並ぶひとと同様に、金融リテラシーの不自由なひとたちにも感謝しなくてはならない。

金融機関が熱心に勧誘するウマそうな話はすべて無視する

金融取引がインターネットに移行すると、日本の大手金融機関はかつてのように大きな利ざやを取ることができなくなった。そんな彼らが選んだ生き残り戦略は、ネットとは競合せず、年金基金などの機関投資家や自治体、学校法人、取引先企業などに手数料率の高い金融商品を販売することだった。

為替オプションを組み込んだ仕組み債は2000年代の定番商品で、1ドル＝100円を切るような〝超円高〟にならないかぎり「安全確実な投資」だと営業マンが熱心に売り込んだ。ところがリーマンショックで「あり得ない」とされていた円高が現実のものになると、大損した投資家が騒ぎ出し、金融機関を裁判に訴える事態になった。その過程で、「自己責任」を隠れ蓑にリスクはすべて顧客に転嫁すればいいという金融機関のずさんな営業実態が明らかになったことから、融資とセットで売りつけたケースなどで金融機関の過失が認定されるようになった。

このトラブルで、機関投資家や法人からぼったくることができなくなった大手金融機関はふたたび苦境に追い込まれた。株式取引や外貨預金ではネット証券・ネット銀行に対抗できず、かといってニューヨークやシティ（ロンドン）の投資銀行に伍してグローバル金融ビジネスを展開する度胸も能力もない。そんな彼らにとって最後に残された金城湯池が、金融資産は持っているが金融リテラシーの低い個人投資家、すなわち高齢者だ。

日本国の借金が１０００兆円を超えて「国家破産」の文字が週刊誌や夕刊紙に躍ると、証券会社は「無料海外投資セミナー」を開く。アベノミクスで株価が上昇すると、「無料日本株セミナー」の看板をあちこちで見かけるようになる。いずれのセミナーも、高齢者で満席の盛況だという。

本書の読者には釈迦に説法かもしれないが、資産を守るための第一のルールは**「金融機関が熱心に勧誘するウマそうな話はすべて無視する」**ことだ。

歩合制で給料が決まる金融機関の営業マンが売りたいのは顧客に有利な商品ではなく、自分が儲かる手数料の高い商品だ。この十数年で金融テクノロジーは急速に進歩し、いまでは個人投資家に有用な金融商品がたくさんあるが、こうした商品は金融機関の儲けにならないので営業マンは顧客に教えたがらない。彼らは善意のボランティアではなく、最後は顧客の利益を度外視して会社（と自分）の利益を最大化することを選ぶ。

だからといって、金融機関の営業マンを非難することに意味はない。人間なんて、みんなそんなものなのだ。

私はこのことを繰り返し指摘しているが、それで金融機関や不動産業者が困ることはないだろう。〝カモ〟はいくらでも湧いてくるのだ。

だからもういちど、彼らにこころからの感謝を捧げることにしよう。

＊

本書は『週刊文春』に２０１３年４月から14年１月まで連載した「臆病者のための資産運用入門」と、月刊『いきいき』に２０１２年１月号から13年８月号まで連載した「65歳からの投資家入門」をベースに、加筆・再構成のうえ一冊にまとめたものです。

２０１４年４月　橘　玲

橘　玲（たちばな　あきら）

1959年生まれ。作家。2002年、金融小説『マネーロンダリング』でデビュー。いかにしてお金とうまく付き合い、人生設計をするかを指南した『お金持ちになれる黄金の羽根の拾い方』がベストセラーとなる。文春新書既刊の『臆病者のための株入門』もわかりやすく役に立つ投資入門として好評を博しロングセラーに。『残酷な世界で生き延びるたったひとつの方法』『亜玖夢博士の経済入門』『（日本人）』『日本の国家破産に備える資産防衛マニュアル』など著書多数。近刊に国際金融ミステリー『タックスヘイヴン』がある。

文春新書

970

臆病者《おくびようもの》のための億万長者入門《おくまんちようじやにゆうもん》

2014年5月20日　第1刷発行
2024年4月15日　第12刷発行

著　者　橘　玲
発行者　大松芳男
発行所　株式会社　文藝春秋

〒102-8008　東京都千代田区紀尾井町3-23
電話（03）3265-1211（代表）

印刷所　理想社
付物印刷　大日本印刷
製本所　大口製本

定価はカバーに表示してあります。
万一、落丁・乱丁の場合は小社製作部宛お送り下さい。
送料小社負担でお取替え致します。

ISBN978-4-16-660970-3